CLEMENS BRENTANO

Gockel und Hinkel

MÄRCHEN

NACHWORT VON
HELMUT BACHMAIER

PHILIPP RECLAM JUN. STUTTGART

Das Märchen ist hier in der Urfassung wiedergegeben, wie sie Karl Viëtor nach der Handschrift des Dichters erstmals (Frankfurt a. M. 1923) veröffentlichte. Orthographie und Interpunktion wurden behutsam modernisiert.

Universal-Bibliothek Nr. 450
Alle Rechte vorbehalten
© 1986 Philipp Reclam jun. GmbH & Co., Stuttgart
Satz: Maschinensetzerei B. Baumgarten, Esslingen a. N.
Druck und Bindung: Reclam, Ditzingen
Printed in Germany 1996
RECLAM und UNIVERSAL-BIBLIOTHEK sind eingetragene Marken
der Philipp Reclam jun. GmbH & Co., Stuttgart
ISBN 3-15-000450-0

In Deutschland in einem wilden Wald lebte ein altes graues Männchen, und das hieß Gockel. Gockel hatte ein Weib, und das hieß Hinkel. Gockel und Hinkel hatten ein Töchterchen, und das hieß Gackeleia. Ihre Wohnung war in einem alten Schloß, woran nichts auszusetzen war, denn es war nichts drin, aber viel einzusetzen, nämlich Tür und Tor und Fenster. Mit frischer Luft und Sonnenschein und allerlei Wetter war es wohl ausgerüstet, denn das Dach war eingestürzt und die Treppen und Decken und Böden auch. Gras und Kraut wuchs überall, aus allen Winkeln, und Vögel vom Zaunkönig bis zum Storch nisteten in dem wüsten Haus. Es versuchten zwar einigemal auch Geier, Habichte, Weihen, Falken, Eulen, Raben und solche verdächtige Vögel sich da anzusiedeln, aber Gockel schlug es ihnen rund ab, wenn sie ihm gleich allerlei Braten und Fische als Miete bezahlen wollten. Einst aber sprach sein Weib Hinkel: „Mein lieber Gockel, es geht uns sehr knapp, warum willst du die vornehmen Vögel nicht hier wohnen lassen? Wir könnten die Miete doch wohl brauchen; du läßt ja das ganze Schloß von allen möglichen Vögeln bewohnen, welche dir gar nichts dafür bezahlen!" Antwortete Gockel: „O du unvernünftiges Hinkel, vergißt du denn ganz und gar, wer wir sind? Schickt es sich auch wohl für Leute unsrer Herkunft, von der Miete solches Raubgesindels zu leben? Und gesetzt auch, Gott suchte uns mit solchem Elend heim, daß uns die Verzweiflung zu solch unwürdigen Hilfsmitteln triebe, was doch nie geschehen wird, denn eher wollte ich Hungers sterben: womit würden die räuberischen Einwohner uns vor allem die Miete bezahlen? Gewiß würden sie uns alle unsre lieben Gastfreunde erwürgt in die Küche werfen, und zwar auf ihre mörderische Art zerrupft und zerfleischt. Die freundlichen Singvögel, welche uns mit ihrem lieben Gezwitscher unsre wüste Wohnung zu einem anmutigen, herzerfreuenden Aufenthalt machen, willst du doch wohl lieber singen hören, als sie gebraten essen? Würde dir das Herz nicht brechen, eine liebe Nachtigall, eine treuliche Grasmücke, einen fröhlichen Distelfink oder gar das liebe, treue Rotkehlchen in der Pfanne zu rösten oder am Spieße zu braten, und dann zuletzt, wenn sie alle die Miete bezahlt hätten, nichts als das Geschrei und Geächze der greulichen Raubtiere zu hören? Aber wenn auch alles dieses zu überwinden wäre, bedenkst du dann in deiner Blindheit nicht, daß diese Spitzbuben allein so gerne hier wohnen möchten, weil sie wissen, daß wir uns von der Hühnerzucht nähren wollen? Haben wir nicht die schöne alte Glucke Gallina jetzt über dreißig Eiern sitzen, werden diese nicht dreißig Hühner werden, und kann nicht jedes wieder dreißig Eier legen, welche es wieder ausbrütet zu dreißig Hühnern? Macht schon dreißigmal dreißig, also neunhundert Hühner, welchen wir entgegensehen. O du unvernünftiges Hinkel! und zu diesen willst du dir Geier und Habichte ins Schloß ziehen! Hast du denn gänzlich vergessen, daß du ein Nachkömmling aus dem hohen Stamme der Grafen von Hennegau bist, und kannst du solche Vorschläge einem gebornen, leider armen, leider verkannten Raugrafen von Hanau machen? Ich kenne dich nicht mehr! – O du entsetzliche Armut, ist es denn also wahr, daß du auch die edelsten Herzen endlich mit der Last deines leeren und doch so schweren Sackes zum Staube niederdrückest?" Also redete der arme alte Raugraf

Gockel von Hanau in edlem, hohem Zorne zu Hinkel von Hennegau, seiner Gattin, welche so betrübt und beschämt und kümmerlich vor ihm stand, als ob sie den Pips hätte.

Hinkel aber sammelte sich und wollte soeben sprechen: „Die Raubvögel bringen aber wohl manchmal junge Hasen"; doch da krähte der alte schwarze, ungemein große Haushahn ihres Mannes, der über ihr auf einem Mauerrande saß, in demselben Augenblick so hell und scharf, daß er ihr das Wort wie mit einer Sichel vor dem Munde wegschnitt, und als er dabei mit den Flügeln schlug und Gockel von Hanau sein zerrissenes Mäntelchen auch auf der Schulter hin und her warf, so sagte die Frau Hinkel von Hennegau auch kein Pipswörtchen mehr; denn sie wußte den Hahn und den Gockel zu ehren.

Sie wollte eben umwenden und weggehen, da sagte Gockel: „O Hinkel! ich brauche dir nichts mehr zu sagen, der ritterliche Alektryo[1], der Herold, Wappenprüfer und Kreiswärter, Notarius publicus und Kaiserlich gekrönte Poet meiner Vorfahren, hat meine Rede unterkrähet und somit dagegen protestiert, daß seinen Nachkommen, den zu erwartenden Hühnchen, die gefährlichen Raubvögel zugesellt würden." Bei diesen letzten Worten bückte sich Frau Hinkel bereits unter der niedrigen Türe und verschwand mit einem tiefen Seufzer im Hühnerstall.

Im Hühnerstall? Ja – denn im Hühnerstall wohnte Gockel von Hanau, Hinkel von Hennegau und Gackeleia, ihr Fräulein Tochter, und in der Ecke lag ein altes Schild voll Stroh, worauf die Glucke Gallina[2] über den dreißig Eiern brütete, und von

1. Das griechische Wort für Hahn.
2. Das lateinische Wort für Henne.

einer Wand zur andern ruhte eine alte Lanze in zwei Mauerlöchern, auf welcher sitzend der große schwarze Hahn Alektryo nachts zu schlafen pflegte. Der Hühnerstall war der einzige Raum in dem alten Schlosse, der noch bewohnbar unter Dach und Fach stand.

Vor alten Zeiten war dieses Schloß eines der herrlichsten in ganz Deutschland, aber die Franzosen, welche es so zu machen pflegen, zerstörten es ganz und gar, als es der Urgroßvater Gockels von Hanau bewohnte, und weil sie außerordentlich gern Hühnerfleisch essen, verzehrten sie ihm alle sein herrliches Federvieh.

Dem Urgroßvater Gockels blieb nichts als sein Erbhahn Alektryo und sein Erbhinkel Gallina, mit welchen er sich im Wald versteckt hatte, und von diesen stammte der Hahn und die Henne gleiches Namens unseres Gockels ab.

Nach jenem Unfall haben die Vorfahren Gockels sich nie wieder erholt und waren meistens Fasanen- und Hühnerminister bei den benachbarten Königen von Gelnhausen gewesen. Gockel hatte nach dem Tode seines Vaters diese Stelle auch gehabt; weil aber der letzte König ein übermäßiger Liebhaber von Eiern war und keine Brut von Hühnern aufkommen ließ, sondern sie alle als Eier verzehrte, so widersetzte sich Gockel diesem Mißbrauch so lebhaft, daß der erbitterte König ihm seine Stelle als Fasanen- und Hühnerminister nahm und ihm befahl, den Hof zu verlassen. In den elendesten Umständen kam der alte Gockel von Hanau mit seiner Frau Hinkel von Hennegau und Gackeleia, seiner Tochter, auf dem zerstörten Schlosse seiner Vorfahren an, und sein einziger Reichtum war sein Stammhahn Alektryo und sein Stammhuhn Gallina, welche er von seinem Vater ererbt hatte und die ihn nie verließen; aber er hatte, was mehr wert war als ein Hahn und das Huhn, ein edles, stolzes Herz in seiner Brust und freies, schuldloses Gewissen dazu.

Frau Hinkel von Hennegau folgte zwar ihrem lieben Manne sehr betrübt in das Elend, und sie seufzte oft unterwegs in dem wilden Wald, wenn sie an die Herrlichkeit der Stadt Gelnhausen gedachte, wo immer ein Haus um das andre ein Bäcker- oder Fleischerladen ist. Traurig dachte sie an die fetten aufgehängten Kälber, Hämmel und Schweine, in deren aufgeschlitzten Leibern dort weiße, reinliche Tücher ausgespannt zu sein pflegten, und an die schön in Reih und Glied auf weißen Bänken aufgestellten braunglänzenden Brote und gelben Semmeln und schön lackierten Eierwecke, Bubenschenkel genannt. Gackeleia, ihr Töchterchen, das sie an der Hand führte, fragte ein um das andere Mal: „Mutter, gibt es auch Brezeln, wo wir hingehen?" Da seufzte Frau Hinkel; Gockel aber, der ernsthaft und freudig mit dem Hahn auf der Schulter und dem Stabe in der Hand voranschritt, sagte: „Nein, mein Kind Gackeleia, Brezeln gibt es nicht, die sind auch nicht gesund und verderben den Magen; aber Erdbeeren, schöne rote Walderdbeeren gibt es die Menge", und somit zeigte er mit seinem Stocke auf einige, die am Wege standen, welche Gackeleia mit vielem Vergnügen verzehrte.

Als Gackeleia diese gegessen hatte, fragte sie wieder: „Mutter, gibt es so schöne braune Kuchenhäschen, wo wir hingehen?" Da seufzte Frau Hinkel wieder, und die Tränen kamen ihr in die Augen, Gockel aber sagte freundlich zu dem Kinde: „Nein, mein Kind Gackeleia, Kuchenhäschen gibt es da nicht, sie sind auch nicht gesund und verderben den Magen; aber es gibt da lebendige Seidenhäschen und weiße Kaninchen, aus deren Wolle du der Mutter

7

auf ihren Geburtstag ein Paar Strümpfe stricken kannst, wenn du fleißig bist. Sieh, sieh, da läuft einer!" Und somit zeigte er mit seinem Stock auf ein vorüberlaufendes Kaninchen. Da riß sich Gackeleia von der Mutter los und sprang dem Hasen nach mit dem Geschrei: „Gib mir die Strümpfe, gib mir die Strümpfe!" – aber fort war er, und sie fiel über eine Baumwurzel und weinte sehr. Der Vater verwies ihr ihre Heftigkeit und tröstete sie mit Himbeeren, welche neben der Stelle wuchsen, wo sie gefallen war.

Nach einiger Zeit fragte Gackeleia wieder: „Liebe Mutter, gibt es denn auch da, wo wir hingehen, so schöne gebackne Männer von Kuchenteig mit Augen von Wacholderbeer und einer Nase von Mandelkern und einem Mund von einer Rosine?" Da konnte die Mutter die Tränen nicht zurückhalten und weinte; Gockel aber sagte: „Nein, mein Kind Gackeleia, solche Kuchenmänner gibt es da nicht, die sind auch gar nicht gesund und verderben den Magen; aber es gibt da schöne bunte Vögel die Menge, welche allerliebst singen und Nestchen bauen und Eier legen und ihre Jungen füttern. Die kannst du sehen und lieben und ihnen zuschauen und die süßen wilden Kirschen mit ihnen teilen." Da brach er ihr ein Zweiglein voll Kirschen von einem Baum, und das Kind ward ruhig.

Als Gackeleia aber nach einer Weile wieder fragte: „Liebe Mutter, gibt es dann dort, wo wir hingehen, auch so wunderschöne Pfefferkuchen wie in Gelnhausen?" und die Frau Hinkel immer mehr weinte, ward der alte Gockel von Hanau unwillig, drehte sich um, stellte sich breit hin und sprach: „O mein Hinkel von Hennegau, du hast wohl Ursache zu weinen, daß unser Kind Gackeleia ein so naschhafter Freßsack ist und an nichts als an Brezeln,

Kuchenhasen, Buttermänner und Pfefferkuchen denkt! Was soll daraus werden? Not bricht Eisen, Hunger lehrt beißen. Sei vernünftig, weine nicht, Gott, der die Raben füttert, welche nicht säen, wird einen Gockel nicht verderben lassen, der säen kann; Gott, der die Lilien erhält, die nicht spinnen, wird die Frau Hinkel von Hennegau nicht umkommen lassen, welche sehr schön spinnen kann, und auch das Kind Gackeleia nicht, wenn es das Spinnen von seiner Mutter lernt." Diese Rede Gockels ward von einem gewaltigen Geklapper unterbrochen, und sie sahen einen großen Klapperstorch, der aus dem Gebüsche ihnen entgegentrat, sie sehr ernsthaft und ehrbar anschaute, nochmals klapperte und dann hinwegflog. "Wohlan", sagte Gockel, "dieser Hausfreund hat uns willkommen geheißen; er wohnt auf dem obersten Giebel meines Schlosses, gleich werden wir da sein; damit wir aber nicht lange zu wählen brauchen, in welchem von den weitläufigen Gemächern des Schlosses wir wohnen wollen, so will ich unsre höchste Dienerschaft voraussenden, damit sie uns die Wohnungen aussuchen."

Nun nahm er den großen Stammhahn von der Schulter auf die rechte Hand und die Stammhenne auf die linke und redete sie mit ehrbarem Ernste folgendermaßen an: "Alektryo und Gallina! Ihr stehet im Begriff wie wir, in das Stammhaus eurer Voreltern einzuziehen, und ich sehe es an euern ernsthaften Mienen, daß ihr so gerührt seid als wir. Damit nun dieses Ereignis nicht ohne Feierlichkeit sei, so ernenne ich dich, Alektryo, edler Stammhahn, zu meinem Schloßhauptmann, Haushofmeister, Hofmarschall, Astronomen, Propheten, Nachtwächter und hoffe, du wirst unbeschadet deiner eignen Familienverhältnisse als Gatte und Vater diesen Ämtern gut vorstehn. Das nämliche erwarte ich von dir, Gallina, edles Stammhuhn. Indem ich dich hiermit zur Schlüsseldame und Oberbettmeisterin des Schlosses ernenne, zweifle ich nicht, daß du diesen Ämtern trefflich vorstehen wirst, ohne deswegen deine Pflichten als Gattin und Mutter zu vernachlässigen. Ist dies euer Wille, so bestätigt mir es feierlich!"

Da erhob Alektryo seinen Hals, blickte gegen Himmel, riß den Schnabel weit auf und krähete feierlichst, und auch Gallina legte ihre Versicherung mit einem lauten, aber rührenden Gegacke von sich; worauf sie Gockel beide an die Erde setzte und sprach: "Nun, Herr Schloßhauptmann und Frau Schlüsseldame, eilet voraus, suchet eine Wohnung für uns aus und empfangt uns bei unserm Eintritt!" Da eilte der Hahn und die Henne, in vollem Laufe, was gibst du, was hast du, in den Wald hinein, nach dem Schlosse zu. Nun ermahnte Gockel auch noch die Frau Hinkel und das Kind Gackeleia zur Zufriedenheit, zum Vertrauen auf Gott und zu Fleiß und Ordnung in dem neu bevorstehenden Aufenthalt auf eine so liebreiche Art, daß Frau Hinkel und das Kind Gackeleia dem guten Vater herzlich umarmten und ihm alles Gutes und Liebes versprachen.

Nun zogen sie alle froh und heiter durch den schönen Wald, die Sonne sank hinter die Bäume, es ward so recht stille und vertraulich, ein kühles Lüftlein spielte mit den Blättern, und Frau Hinkel von Hennegau sang folgendes Liedchen mit freundlicher Stimme, wozu Gockel und Gackeleia leise mitsangen:

"Wie so leis die Blätter wehn
In dem lieben, stillen Hain!
Sonne will schon schlafen gehn,
Läßt ihr goldnes Hemdelein
Sinken auf den grünen Rasen,

Wo die schlanken Hirsche grasen
In dem roten Abendschein.
Gute Nacht! Heiapopeia
Singt Gockel, Hinkel und Gackeleia.

In der Quellen klarer Flut
Treibt kein Fischlein mehr sein Spiel;
Jedes sucht, wo es ruht,
Sein gewöhnlich Ort und Ziel
Und entschlummert überm Lauschen
Auf der Wellen leises Rauschen
Zwischen bunten Kieseln kühl.
Gute Nacht! Heiapopeia
Singt Gockel, Hinkel und Gackeleia.

Schlau schaut auf der Felsenwand
Sich die Glockenblume um;
Denn verspätet über Land
Will ein Bienchen mit Gebrumm
Sich zur Nachtherberge melden
In den zarten blauen Zelten,
Schlüpft hinein und wird ganz stumm.
Gute Nacht! Heiapopeia
Singt Gockel, Hinkel und Gackeleia.

Vöglein, euer schwaches Nest,
Ist das Abendlied vollbracht,
Wird wie eine Burg so fest;
Fromme Vöglein schützt zur Nacht
Gegen Katz' und Marderkrallen,
Die im Schlaf sie überfallen,
Gott, der über alle wacht.
Gute Nacht! Heiapopeia
Singt Gockel, Hinkel und Gackeleia.

Treuer Gott, du bist nicht weit,
Und so ziehn wir ohne Harm

In die wilde Einsamkeit,
Aus des Hofes eitelm Schwarm.
Du wirst uns die Hütte bauen,
Daß wir fromm und voll Vertrauen
Sicher ruhn in deinem Arm.
Gute Nacht! Heiapopeia
Singt Gockel, Hinkel und Gackeleia."

Als dies Lied zu Ende war, ward der Wald etwas
lichter, und sie sahen den feurigen Abendhimmel
durch die leeren Fensterbogen des Schlosses schim-
mern, an dessen offnem Tore sie standen. Ihr Emp-
fang war feierlich. Der Hahn Alektryo saß auf dem
steinernen Wappen über dem Tore, schüttelte sich,
schlug mit den Flügeln und krähte als ein recht-
schaffener Schloßtrompeter dreimal lustig in die
Luft, und alle Vöglein, die in dem verlassenen,
baumdurchwachsenen Baue wohnten und welchen
der Hahn die Ankunft der gnädigen Herrschaft ver-
kündigt hatte, waren aus ihren Nestern heraus-
geschlüpft und schmetterten lustige Lieder in die
Luft, indem sie sich auf den blühenden Holunder-
bäumen und wilden Rosenhecken schaukelten,
welche ihre Blüten vor den Eintretenden nieder-
streuten. Der Storch auf dem Schloßgiebel klapperte dazu mit seiner ganzen Familie, daß es schier
wie eine große Musik mit Pauken und Trompeten
klang.

Gockel, Hinkel und Gackeleia hießen alle willkommen und traten in die alte, zerfallene Kapelle,
wo sie sich an dem Altar neben die wilden Wald-
blumen niederknieten, ganz nahe dem Grabstein
des alten Urgockels von Hanau, und Gott für ihre
glückliche Reise dankten und ihn um Schutz und
Hülfe anflehten. Während ihrem Gebet waren alle
Vögel ganz stille, und da sie sich von den Knien er-

hoben, lockten Alektryo und Gallina, als Schloßhauptmann und Schlüsseldame, an der Türe, sie
sollten ihnen nach dem ausgesuchten Gemache folgen. Sie taten dies, und der Hahn und die Henne
schritten gackernd und majestätisch über den
Schloßhof auf den wohlerbauten, ganz erhaltenen
Hühnerstall zu, der eine große Türe hatte; als
Alektryo über die Schwelle schritt, bückte er sich
tief mit dem Kopf, als befürchte er, mit seinem
hohen roten Kamme oben anzustoßen, da die Türe
doch für einen starken Mann hoch genug war; aber
dieses war im Gefühle seines Adels, denn alle hohen
Adeligen und alle gekrönten Häupter pflegen es so
zu machen.

In diesem Hühnerstalle nun, dessen Fenster in
ein kleines Gärtchen gingen, richteten sie sich ein,
so gut sie konnten. Gockel machte von grünen Zwei-
gen einen Besen und fegte mit Hinkel den Boden
rein; dann machten sie ein Lager von Moos und
dürren Blättern, worüber Gockel seinen Mantel und
Hinkel ihre Schürze breitete und sich darauf schlafen legten, Gockel rechts, Hinkel links, das Töchterlein Gackeleia in der Mitte zwischen beiden. Der
Hahn und die Henne nahmen auch ihren Platz ein,
und von der Reise ermüdet, entschliefen sie alle
bald.

Gegen Mitternacht rührte sich Alektryo auf seiner Stange, und Gockel, der vor allerlei Gedanken,
was er alles vornehmen wolle, seine Familie zu er-
nähren, nicht fest schlief, ward munter und sah umher, was vorging. Da bemerkte er an der Türe,
durch welche der Mond schien, eine lauernde große
Katze; sie tat auf einmal einen Sprung herein, und
in demselben Augenblick hörte Gockel ein Gepfeife
und fühlte, daß ihm etwas in den weiten Ärmel
seiner Jacke lief. Der Hahn und die Henne flatter-

ten schreiend wegen der Katze herum, Gockel
sprang auf und trieb die Katze hinaus, trat an die
Türe und zog die Tierchen, die ihm in den Ärmel
geschlüpft waren, hervor. Da erkannte er zwei
weiße Mäuschen von außerordentlicher Schönheit.
Sie waren nicht scheu vor ihm, sondern setzten sich
auf die Hinterbeine und zappelten mit den Vorderpfötchen, wie ein Hündchen, das bittet, was dem
alten Herrn sehr wohl gefiel. Er setzte sie in seine
Pudelmütze, legte sich wieder nieder und diese
neben sich, mit dem Gedanken, die guten Tierchen
am folgenden Morgen seinem Töchterchen Gackeleia
zu schenken, welche, sehr ermüdet wie ihre Mutter,
nicht erwacht war.

Als Gockel wieder eingeschlafen war, machten
sich die zwei Mäuschen aus der Pudelmütze heraus
und unterhielten sich miteinander. Die eine sprach:
„Ach, Sissi, meine geliebte Braut, da hast du es nun
selbst erlebt, was dabei herauskömmt, wenn man
des Nachts so lange im Mondschein herumgeht.
Habe ich dich nicht gewarnt?" Da antwortete Sissi:
„O Pfiffi, mein werter Bräutigam, mache mir keine
Vorwürfe, ich zittere noch am ganzen Leibe vor der
schrecklichen Katze, und wenn sich ein Blatt regt,
fahre ich zusammen und meine, ich sehe ihre feurigen Augen." Da sagte Pfiffi wieder: „Du brauchst
dich nicht weiter zu ängstigen, der gute Mann hier
hat der Katze einen so großen Stein nachgeworfen,
daß sie vor Angst schier in den Bach hineingesprun-
gen ist." „Ach", sagte Sissi, „ich fürchte mich nur
auf unsre weitere Reise; wir müssen wohl noch acht
Tage laufen, bis wir zu deinem Königlichen Herrn
Vater kommen, und da jetzt einmal eine Katze uns
ausgekundschaftet hat, werden sie an allen Ecken
auf uns lauern." Da erwiderte Pfiffi: „Wenn nur
eine Brücke über den Fluß wäre, der eine halbe Tag-

14

reise von hier durch den Wald zieht, so wären wir bald zu Haus; aber nun müssen wir die Quelle des Flusses umgehn." Als sie so sprachen, hörten sie eine Eule drauß schreien und krochen bang tiefer in die Mütze. „Auch noch eine Eule!" flüsterte Sissi. „Oh, wäre ich doch nie aus der Residenz meiner Mutter gewichen!" Und nun weinte sie. Der Mäusebräutigam war hierüber sehr traurig und überlegte her und hin, wie er seine Braut ermutigen und vor Gefahren schützen soll. Endlich sprach er: „Geliebte Sissi, mir fällt etwas ein; der gute Mann, der uns in seine Pudelmütze gebettet hat, würde uns vielleicht sicher nach Haus helfen, wenn er unsere Not nur wüßte. Lasse uns leise an seine Ohren kriechen und ihm recht flehentlich unsre Sorgen vorstellen; rede in deinen süßesten Tönen zu ihm, dann kann er nicht widerstehen, aber ja recht leise, damit er nicht aufwacht, denn nur im Schlafe verstehen die Menschen die Sprache der Tiere."

Sissi war sogleich bereit und kroch an das linke Ohr Gockels und Pfiffi an das rechte und zischelten ihm mit ihren feinsten Stimmchen zu. Pfiffi sang, nachdem er sich auf die Hinterbeine gesetzt und seinen Schweif quer durch das Maul gezogen hatte, um eine rührendere Stimme zu bekommen:

> „Ich bin der Prinz von Speckelfleck
> Und führe heim die schönste Braut;
> Die Katze bracht' ihr großen Schreck,
> Sie bangt um ihre Sammethaut.
> Ach, Gockel, bring uns bis zum Fluß
> Und bau uns drüber einen Steg,
> Daß ich mit meiner Braut nicht muß
> Den Quell umgehn auf weitem Weg!
> Gedenken wird dir's immerdar
> Ich und der hohe Vater mein;

Ist's auch nicht gleich, vielleicht aufs Jahr,
Stellt Zeit zu Dank und Lohn sich ein.
Doch was braucht's da viel Worte noch?
Hart wird es mir, der edlen Maus,
Vor deinem großen Ohrenloch
Zu betteln, mir, die stets zu Haus
Als erstgeborner Königssohn
Gefürchtet und befehlend sitzt
Auf einem Parmesankästhron,
Der stolze Buttertränen schwitzt.
Sag dir hiermit, erwähl dein Teil,
Nimm mich und meine Braut in Schutz,
Schaff uns nach Haus gesund und heil,
Sonst biete ich dir Fehd' und Trutz!
Wenn uns die Katze auch nicht beißt,
Maulleckend nur die Zähne bleckt,
Miauend meine Braut erschreckt,
Woran viel liegt, was du nicht weißt,
Krümmt sie uns nur ein einzig Haar,
Faßt uns ein wenig nur am Schopf,
Vielmehr, frißt sie uns ganz und gar,
So kömmt die Tat auf deinen Kopf.
Wonach du dich zu achten hast.
   Gegeben vor dem Ohrenloch
Des Wirtes, auf der dritten Rast
Von unsrer Brautfahrt, da ich kroch
In seinen Ärmel vor der Katz'
Nebst meiner Braut aus großem Schreck
Und in der Pudelmütze Platz
Er uns gemacht.
                    Prinz Speckelfleck,
Punktum, Streusand, und halte still,
Ins Ohr beiß ich dir mein Sigill."

Nach dieser ziemlich unhöflichen Rede biß
Speckelfleck dem ehrlichen Gockel ins Ohr, daß er

mit einem lauten Schrei erwachte und um sich schlug. Da flohen die beiden Mäuse in großer Angst wieder in die Pudelmütze. „Nein, das ist doch zu grob, einen ins Ohr zu beißen!" sagte Gockel. Da erwachte Frau Hinkel und fragte: „Wer hat dich denn ins Ohr gebissen? Du hast gewiß geträumt." „Ist möglich", sagte Gockel, und sie schliefen wieder ein.

Nun sprach Sissi zu Pfiffi: „Aber um alle Welt, was hast du nur getan, daß der Mann so bös geworden?" Da wiederholte ihr Pfiffi seine ganze Rede, und Sissi sagte mit Unwillen: „Ich traue meinen Ohren kaum, Pfiffi, kann man unvernünftiger und plumper bitten als du? Die niedrigste Bauernmaus würde sich in unsrer Lage anders benommen haben. Alles ist verloren, ich bin ohne Rettung in die Krallen der Katze hingegeben durch deine übel angebrachte Hoffart. Ach, mein junges Leben! O hätte ich dich niemals gesehen!" usw. Pfiffi war ganz verzweifelt über die Vorwürfe und Klagen seiner Braut und sprach: „Ach, Sissi, deine Vorwürfe zerschneiden mein Herz; ich fühle, du hast recht; aber fasse Mut, gehe an das linke Ohr und wende alle deine unwiderstehliche Redekunst an; das linke Ohr geht zum Herzen, er erhört dich gewiß. O ich Unglücklicher, daß ich in die verwünschten königlichen Redensarten gefallen bin!" Da erhob sich Sissi und sprach: „Wohlan, ich will es wagen." Leise, leise schlüpfte sie an das linke Ohr Gockels, nahm eine rührende Stellung an, kreuzte die Vorderpfötchen über die Brust, schlang den Schweif wie einen Strick um den Hals, neigte das Köpfchen gegen das Ohr und flüsterte so fein und süß, daß das Klopfen ihres bangen Herzchens schier lauter war als ihre Stimme:

„Verehrter Herr, ich nahe dir
Bestürzt, beschämt und herzensbang;
Ich weiß, mein Bräutigam war hier
Und ziemlich grob vor nicht gar lang.
Auch war sein Siegel sehr apart,
Mit Recht hast du ihn angeschnarrt.
Weil er verwöhnt, von Not entfernt,
Als einziger Prinz verzogen ward,
Hat er das Bitten nicht gelernt;
Drum, edler Mann, nimm's nicht so hart!
Wie Grobsein ihm, sei Höflichsein
Dir leicht, weil du erzogen fein.
Er meint's gewiß von Herzen gut,
Doch kömmt beim Sprechen er in Zug,
So regt sich sein erhabnes Blut,
Und er wird gröber als genug.
Bedenk, der Kinder Pfeife klingt,
Wie ihrer Eltern Orgel singt.
Doch reut's ihn immer hinterdrein,
Und in der Pudelmütze sitzt
Jetzt krumm das arme Sünderlein
Und seufzt und wimmert, daß es schwitzt,
Und schimpft, daß ihm die Hofmanier
So grob entfuhr zur Ungebühr.
Bekennet hat er mir, der Braut,
Die ihn erst tüchtig zappeln ließ,
Ihm tüchtig wusch die grobe Haut,
Die Nas' ihm auf den Fehler stieß
Und endlich, nach manch bitterm Ach,
Dich zu versöhnen ihm versprach.
Doch, daß ich selbst mich nicht vergeß,
Vergönne jetzt in Demut mir
Zu sagen, daß ich, was Prinzeß
Bei Menschen ist, bin als ein Tier,
Und zwar als kleine weiße Maus.

So schütt ich nun mein Herz dir aus.
Prinzeß Sissi von Mandelbiß
Fleht dich um Ritterdienste an;
Du weißt aus dem Äsop gewiß,
Was für die Maus ein Löw' getan,
Und wie ihm dankbar half die Maus
Dann wieder aus dem Netz heraus.
Auch meinem Bräutigam und mir
Hilf sicher in das Mausereich.
Die Katz', das ungeheure Tier,
Macht mich vor Schreck ganz totenbleich!
Oh, hättest du ein bißchen nur
Von Mausgeschmack und Mausnatur!
Oh, wüßtest du, wie weiß und zart,
Wie lieblich ich an Leib und Seel',
Gar nicht nach andrer Mäuse Art,
Ja, unter allen ein Juwel,
Du littest lieber selbst den Tod,
Als du mich ließ'st in Katzennot.
Die Äuglein sind wie Diamant,
Die Zähnlein Perl' und Helfenbein,
Mein Leib ist zierlich und gewandt,
Die Pfötchen rosenrot und klein,
Das Mäulchen pfiffiglich gespitzt,
Ich schweig vom Teil, auf dem man sitzt;
Die Öhrlein sind zwei Blumen zart,
Die Nase einer Blüte gleich;
Wie Blütenfäden ist mein Bart
So rein, so fein, so weiß und weich.
Und wie Frau Catalani[3] singt,
Mein Stimmlein bei den Mäusen klingt.
Man hat mich drum als Gegensatz
Oft Mausalani auch genannt;
Weil Kata etwas klingt wie Katz',

---

3. Angelika Catalani, gefeierte Koloratursängerin der Zeit.

Hat man das Wort so umgewandt,
Das Lani[4] ließ man angehängt,
Weil man dabei an Wolle denkt.
Verleugne nicht dein Zartgefühl,
Laß rühren dich durch meinen Sang!
Denn lockender als Flötenspiel,
Als Harfen- und als Geigenklang
Fleht er aus meiner Brust heraus:
Beschütz die kleine weiße Maus!
Bei deiner hohen Adelspflicht,
Die dich zum Schutz der Damen weiht,
Beschwör ich dich, verlaß mich nicht!
Vielleicht ist ja der Tag nicht weit,
Daß ich dir wieder helfen kann,
Doch danach fragt kein Edelmann.
Wer, mich zu retten, einen Stein
Der Katze in die Rippen warf,
Wer zugab, daß der Liebste mein
An meiner Seite schlummern darf
In seiner Pudelmütze warm,
Der schützt mich auch mit starkem Arm!
Erlaub nun, daß dir als Sigill
Der Wahrheit ohne Hinterlist
Hier einsamlich und in der Still'
Das Ohrläppchen demütig küßt,
Was niemals sie noch tat gewiß,
Prinzeß Sissi von Mandelbiß."

Nun küßte sie ganz leise das Ohrläppchen
Gockels, und weil er im Schlafe etwas durch die
Nase pfiff, glaubte sie, er sage ihr in der Mause-
sprache die artigsten Sachen und verspreche ihr
seine Hülfe für gewiß. Mit leichtem Herzen begab
sie sich daher nach der Pudelmütze zurück und ver-

4. Lana = italienisch „Wolle".

kündigte ihrem Bräutigam den guten Erfolg ihrer Bitten, worauf dieser sie zärtlich umarmte.

Jetzt aber war die Stunde gekommen, da die schwarze Nacht gegen Morgen ergrauet, und Alektryo als ein getreuer Burgvogt streckte dem anbrechenden Lichte seinen Hals entgegen, um es zum erstenmal mit einem krähenden Trompetenstoße hier zu bewillkommen. Da erwachte Gockel und Frau Hinkel, Gackeleia aber schlief fest. Frau Hinkel fragte ihren Mann, warum er denn heute nacht so unruhig gewesen, und wie er nur geträumt habe, daß ihn jemand ins Ohr gebissen. Da zeigte Gockel ihr die weißen Mäuschen in seiner Pudelmütze und erzählte ihr, wie sie vor der Katze, die er verjagt, zu ihm geflohen, und wie er hernach geträumt habe, die eine Maus begehre auf eine unhöfliche Weise Hülfe von ihm und beiße ihn noch dazu ins Ohr, wie aber hernach die andere Maus so artig gebeten und ihm das Ohrläppchen so demütig geküßt habe, daß er ihr versprochen habe, zu helfen. „Und das will ich auch tun", fuhr Gockel fort, „ich will beide sogleich über den nächsten Fluß bringen, wo sie außer Gefahr in ihrer Heimat sind."

Da wollte er aufstehen und sich auf die Reise begeben, aber Frau Hinkel sagte: „Du bist nicht recht klug; dir träumt, du hättest den Mäusen etwas versprochen und willst es ihnen nun im Wachen halten, und deswegen willst du mich hier in der Wildnis mit Gackeleia allein lassen, wo du so nötig bist, um aufzuräumen und alles in Ordnung zu bringen?" Da sprach Gockel: „Du hast scheinbar ganz recht, aber versprochen muß gehalten werden; ich habe mein Ehrenwort gegeben, und das ist mir so deutlich und gegenwärtig als der Biß in das Ohr." Da erwiderte Hinkel: „Wenn aber der Biß ein Traum

war, so war auch das Ehrenwort ein Traum."
Gockel sagte hierauf zornig: „Paperlapapp! Ein
Ehrenwort ist nie ein Traum, das verstehst du nicht,
und den Biß habe ich so deutlich gefühlt, daß ich
mit einem Schrei erwachte; das Ohr brennt mir
noch." „Laß doch einmal sehen!" sagte Frau Hinkel
und erblickte mit großer Verwunderung die Spur
von fünf spitzen Zähnchen an Gockels Ohr. Als sie
ihm dieses gesagt hatte, ließ er sich keinen Augenblick
länger aufhalten, sprang vom Lager auf, nahm das
Brot aus seinem Reisesack, schnitt sich ein Stück herunter, das er einsteckte, und sprach zu seiner Frau:
„Hinkel, räum einstweilen alles hübsch auf, sieh
dich im Schlosse und der Umgegend um und denke
dir alles aus, wie du es gern zu unsrer Haushaltung
eingerichtet hättest; besonders gebe auf Alektryo
und Gallina acht, weil es, wie du gehört hast, Katzen hier gibt; nachmittags hoffe ich wieder hier zu
sein." Und nun nahm er seinen Reisestab in die
Hand, schob die Pudelmütze, aus der ihm die
Mäuschen freundlich entgegenpfifferten, in den
Busen und ging mit starken Schritten in den Wald
gegen den Fluß hin.

Als er ein paar Meilen gegangen war, ruhte er an
einer Quelle, wo er sein Brot mit seinen Reisegefährten teilte. Da er aber endlich an den Fluß
kam, ging er auf und ab, eine schmale Stelle zu finden, fand auch endlich einen Ort, wo er den Fluß
leicht mit einem Steine überwerfen konnte. Hier
nun nahm er sich vor, die Mäuschen überzusetzen;
aber keine Brücke, kein Kahn war da; er entschloß
sich daher kurz, zog die Pudelmütze hervor und
sprach hinein: „Lebt wohl, meine lieben Gäste! Du,
Prinz von Speckelfleck, befleißige dich besserer Sit-
ten, und du, Prinzeß von Mandelbiß, bilde dir nicht
soviel auf deine Schönheit ein; übrigens bist du ein

vortreffliches Tierchen. Lebt wohl, grüßt eure Anverwandten und vergeßt nicht den armen Gockel von Hanau!" Die Mäuschen wußten gar nicht, was er wollte, weil er schon Abschied nahm und sie noch diesseits des Flusses waren, auch kein Kahn und keine Brücke weit und breit zu sehen; sie pfifferten ihm daher allerlei Fragen entgegen, aber er verstand kein Wort, ließ sich auch weiter auf nichts ein, sondern wickelte sie in die Pudelmütze fest ein, holte weit aus und warf sie glücklich hinüber in das hohe Gras. Da sich von dem Falle die Mütze drüben öffnete, schrien die kleinen Tierchen noch immer sehr verwundert, wie er sie nur hinüberbringen wollte, als sie zu ihrer größten Verwunderung sahen, daß sie bereits drüber waren, und fröhlich nach Hause liefen, ihre Abenteuer zu erzählen.

Auf dem Heimwege begegnete Gockel ein paar alte Juden, welche große Naturphilosophen waren; sie führten einen alten Bock und eine alte, magere Ziege an Stricken zur Frankfurter Messe. Sie redeten Gockel an: „Seid Ihr der Besitzer des alten Schlosses hier im Walde?" Gockel: „Ja, ich bin der alte Raugraf Gockel von Hanau." Da fragten ihn die Juden, ob er ihnen nicht seinen alten Haushahn verkaufen wollte, sie wollten ihm den Bock dafür geben. Gockel antwortete: „Ich bin kein Schneider; was soll ich mit dem Bock? Ihn etwa zum Gärtner machen? Kann der Bock etwa krähen? Mein Hahn ist kein gewöhnlicher Alletagshahn, er ist ein Wappenhahn, ein Stammhahn; sein Vater hat auf meines Vaters Grab gekräht, und er soll auf meinem Grabe krähen. Lebt wohl!" Da boten ihm die Juden die Ziege, und als er abermals nicht wollte, boten sie ihm den Bock und die Ziege. Gockel aber lachte sie aus und ging seiner Wege. Da riefen sie ihm nach: „In vier Wochen gehen wir wieder vorbei, da wollen wir wieder nachfragen, vielleicht habt Ihr dann mehr Lust, den Hahn zu verkaufen."

Gockel kam gegen Abend nach Haus, und nachdem er von seiner Reise ausgeschlafen hatte, begann er am andern Morgen mit Frau Hinkel und dem Töchterchen Gackeleia sich in dem wüsten Schlosse seiner Voreltern so gut einzurichten, als es nur immer gehen wollte. Sie legten auf allen fruchtbaren Erdfleckchen zwischen den Mauern Gartenbeete an, ordneten und verbanden alle Winkelchen mit Zäunen und aus umherliegenden Steinen zusammengestellten Treppen. Hinkel sammelte den Samen von allen Gartengewächsen, die hie und da im verschütteten alten Schloßgärtchen noch übriggeblieben waren, und säte sie fein ordentlich in die neu angelegten Beete.

Gackeleia sollte aus Weidenruten Hühnernester flechten und zu einem großen Hühnerkorbe für die jungen Hühnchen, die sie erwarteten, die Weidenruten in den Quell legen, der mitten im Schloßhofe entsprang, damit sie sich recht geschmeidig flechten ließen. Aber sie tat das sehr nachlässig, war eine neugierige, naschhafte kleine Spielratze, guckte in alle Vogelnester, naschte von allen Beeren, machte sich Blumenkränze und hatte keine rechte Lust zum Arbeiten, weswegen der alte Haushahn Alektryo sie manchmal mit rechtem Zorn ankrähte, so daß sie heftig erschrak und zu ihrer Arbeit zurücklief, weswegen sie einen rechten Unwillen auf den alten Wetterpropheten kriegte und ihn immer bei der Mutter verklagte. Auch diese hatte keine rechte Liebe zu dem Alektryo; denn wenn sie manchmal über der Gartenarbeit ermüdete und sich auf einen Stein setzte und sehnsüchtig an die Fleischer- und Bäckerladen zu Gelnhausen dachte, fing Alektryo an, der ihr überhaupt immer wie ein beschwerlicher

Haushofmeister auf allen Schritten nachging, auf den zu bestellenden Gartenbeeten zu scharren und zu gackern, um sie an die Arbeit zu erinnern. Und als sie einstens so sitzend eingeschlafen war und vergessen hatte, der Henne Gallina Futter vorzustreuen und frisch Wasser zu geben, träumte ihr auch von den Gelnhausener Braten und Eierwecken so klar und deutlich, daß sie im Traum sagte: „Ach, es ist Wahrheit, es ist kein Traum!" Da krähte ihr der Alektryo so schneidend dicht in die Ohren, daß sie vor Schrecken erwachte und an die harte Erde fiel. Darum faßte sie noch einen viel größern Unwill gegen den ehrlichen Stammhahn Alektryo und jagte ihn überall hinweg, wo sie zu tun hatte. Auch hätte sie ihm längst gern den Hals abgeschnitten, weil er sie alle Morgen um drei Uhr von ihrem Lager aufweckte. Aber er war ihr zu der Hühnerzucht, auf welche Gockel alle seine Hoffnungen gestellt hatte, gar zu nötig.

Gockel brachte meistens den ganzen Tag auf der Jagd zu und kehrte abends, wenn er in der umliegenden Gegend seine Beute gegen Brot, Nahrungsmittel und andere Bedürfnisse vertauscht hatte, zu den Seinigen zurück. Da kam ihm dann gewöhnlich der alte Alektryo entgegengeflogen, schlug mit den Flügeln, krähte und gackerte allerlei, als wollte er Hinkel und Gackeleia verklagen wegen ihrer Nachlässigkeit, und diese verklagten den Hahn wieder, und es ging ein strenges Nachforschen Gockels über alles an, wo dann Hinkel und Gackeleia mancherlei Verdruß bekamen, so daß sie dem Alektryo immer feindseliger wurden. Das alles währte so fort, bis die Henne Gallina dreißig Eier gelegt hatte, auf denen sie brütend saß. Auf diese Brut setzte Gockel alle seine Hoffnung für die Zukunft und zürnte drum so gewaltig auf Frau Hinkel, als sie die Vorsprecherin der Raubvögel werden wollte, die gern im Schlosse aufgenommen gewesen wären. Darüber Gockel ihr einen so derben Verweis gab, wie ich gleich anfangs erzählte.

Die Freude des guten Gockels über seine brütende Henne war ungemein groß, und da er täglich erwartete, daß die kleinen Hühnchen auskriechen sollten, eilte er nach einer nah gelegenen Stadt, Hirse zu ihrem Futter zu kaufen, und empfahl sowohl der Frau Hinkel als der kleinen Gackeleia recht sehr, auf die brütende Gallina achtzuhaben, damit ihr ja niemals etwas mangle. Er ging schon um Mitternacht weg, weil er einen weiten Weg vor sich hatte. Frau Hinkel aber dachte nun einmal recht auszuschlafen und nahte sich dem Hahn Alektryo, der noch auf seiner Stange schlafend saß, ergriff ihn und steckte ihn in einen dunklen Sack, damit er den anbrechenden Morgen nicht erblicken und sie mit seinem Krähen nicht erwecken möge, worauf sie sich wieder niederlegte und wie eine Ratze zu schlafen begann. Das Töchterlein Gackeleia aber schlief gar nicht lang, denn sie hatte sich lange darauf gefreut, wenn der Vater Gockel einmal länger abwesend sein würde, um sich ein Vergnügen zu machen, das sie gar nicht erwarten konnte. Sie hatte nämlich bei ihrem Herumklettern in einem entfernten Winkel des alten Schlosses eine Katze mit sieben Jungen gefunden und weder dem Vater noch der Mutter etwas davon gesagt, weil diese immer sehr gegen die Katzen sprachen. Gackeleia aber konnte sich nie satt mit den artigen Kätzchen spielen und brachte alle ihre Freistunden bei denselben zu.

Heute stand sie nun in aller Frühe leise neben der schlafenden Mutter auf, froh, daß Alektryo sie nicht verraten könne; denn sie hatte wohl bemerkt, daß die Mutter ihn in den Sack gesteckt. Als sie aber an dem Neste der brütenden Gallina vorüberging, hatte sie eine wunderbare Freude; denn siehe da, alle die Eier waren kleine Hühnchen geworden und piepten um die Henne herum und drängten sich unter ihre ausgebreiteten Flügel und guckten bald da, bald dort mit ihren niedlichen Köpfchen hervor. Gackeleia wußte sich vor Freude gar nicht zu lassen; anfangs wollte sie die Mutter gleich wecken, dann aber fiel es ihr ein, sie wollte es zuerst ihren kleinen Kätzchen erzählen, und meinte, die würden sich ebensosehr als sie selbst über die schönen Hühnchen freuen.

Schnell lief sie nun nach dem Katzennest, und als ihr die alte Katze mit einem hohen Buckel entgegenkam und um sie herumzuschnurren begann und die kleinen Kätzchen alle hinter ihr dreinzogen, sprach Gackeleia: „Ach, Schurimuri, Gallina hat dreißig junge Hühnchen, und jedes ist nicht größer als eine Maus." Als die Katze das hörte, war sie so begierig, die Hühnchen zu sehen, daß ihr die Augen funkelten. Da sagte Gackeleia: „Wenn du hübsch leise auftreten willst und nicht mauen, damit die Mutter nicht erwacht, so will ich dir die artigen Hühnchen zeigen; die kleinen Kätzchen können auch mitgehen, die werden große Freude an den Hühnchen haben."

Gleich lief nun Schurimuri mit ihren Jungen vor Gackeleia her, und als sie an den Stall gekommen waren, ermahnte sie dieselben nochmals, recht artig zu sein, und machte leise die Türe auf. Da konnte sich aber Schurimuri nicht länger halten, sie setzte mit einem Sprunge auf die brütende Gallina und erwürgte sie, und die jungen Kätzchen waren ebenso schnell mit den jungen Hühnchen fertig.

Das Wehgeschrei der Gackeleia und der sterbenden Gallina weckte die Mutter, die noch auf dem

Lager schlief und mit Entsetzen ihre ganze Hoffnung von der Katze erwürgt sah, die sich nebst ihren Jungen bald mit ihrer Beute davonmachte. Gackeleia und Hinkel weinten und rangen die Hände, und der arme Alektryo, der das Wehgeschrei der Seinigen wohl gehört hatte, flatterte und schrie in dem Sacke. Gackeleia wollte sterben vor Angst, sie umfaßte die Knie der Mutter und schrie immer: „Ach, der Vater, der Vater, ach, was wird der Vater Gockel sagen! Ach, er wird mich umbringen! Mutter, liebe Mutter, hilf der armen Gackeleia!" Frau Hinkel war nicht weniger erschreckt als Gackeleia und fürchtete sich nicht weniger als diese vor dem gerechten Zorne Gockels; denn sie hatte dem Kinde die Katzen verbergen helfen und hatte den wachsamen Alektryo in den Sack gesteckt. Als sie das bedachte, fiel ihr auf einmal ein, sie wollte den Hahn Alektryo als den Mörder der jungen Hühnlein angeben, und hoffte dadurch den Zorn Gockels auf diesen unbequemen Wächter zu wenden. Sie nahm daher den Sack, worin der Hahn war, und sagte: „Komm, Gackeleia, wir wollen dem Vater nacheilen und ihm Alektryo als den Mörder der kleinen Hühner und der Gallina überbringen", und so eilten sie nun beide, den Gockel einzuholen, der im Walde herumstrich, einiges Wild zu erlegen, das er bei dem Krämer gegen Hirse vertauschen wollte.

Bald sahen sie ihn auch in einem Busche zwei Schnepfen, die sich in einem Sprenkel gefangen hatten, in seinen Ranzen stecken; da fingen sie laut an zu weinen. Gockel schrie ihnen entgegen: „Gott sei Dank! Ihr weinet gewiß vor Freude, Gallina hat gewiß dreißig schöne junge Hühnchen ausgebrütet." „Ach!" schrie Frau Hinkel, „ach ja, aber –" „Und alle waren bunt und hatten Büsche auf dem Kopf", unterbrach sie der freudige Gockel. – „Ach!" schrie

28

Gackeleia, „ach ja, aber – aber –" – „Was aber?"
sagte Gockel, „was aber weint ihr? Dreißig Hühner,
wenn jedes wieder dreißig Eier legt, macht aufs
Jahr neunhundert Hühner und immer so fort entsetzlich viel Hühner." Da sagte Hinkel: „O du
Unglück über Unglück! Alektryo, dein sauberer
Haushahn, hat Gallina und alle die gegenwärtigen
und künftigen Hühner gefressen! Da habe ich ihn in
den Sack gesteckt; da hast du ihn, strafe ihn, ich will
ihn nie wieder sehen!" Mit diesen Worten warf sie
dem vor Schreck versteinerten Gockel den Sack mit
dem Hahn vor die Füße.

Gockel war über die schreckliche Nachricht, die alle
seine Hoffnungen zerstörte, ganz wie von Sinnen.
„Ach!" rief er aus, „nun gebe ich alles verloren; das
Glück weicht von meinem Stammhaus, alle meine
Voreltern und Nachkommen sind betrogen durch
den unseligen Alektryo, den wir über Menschen und
Vieh hochgeachtet haben. Oh, hätte ich ihn doch den
drei jüdischen Naturphilosophen gestern für den
Geißbock und die Ziege verkauft, da hätten wir
doch etwas gehabt!" Als Frau Hinkel hörte, daß er
den Alektryo so gut habe verkaufen können, machte
sie dem Gockel bittere Vorwürfe, der noch immer
trauriger ward und endlich seinen alten pergament-
nen Adelsbrief aus dem Busen zog und zu seiner
Frau sagte: „Hinkel, sieh, was mich immer gezwun-
gen hat, den Alektryo zu ehren; da unten auf der
buchsbaumenen Büchse, in welcher der treulose
Alektryo als mein Familienwappen in Wachs abgebildet ist, steht folgender Spruch, der alle meine
Vorfahren und auch mich bewogen, von dem Geschlecht des Alektryo unser Glück zu erwarten."
Und nun las er den Spruch, der auf der Kapsel eingeschnitten stand:

Dem Gockel Hahn
Bringt Glücke selbst
Um Undank,
Hals ab,
Kropf auf,
Stein kauf,
Brot gab.

Als er kaum die letzten Worte gesprochen, traten die drei Juden, die ihm gestern den Hahn abkaufen wollten, aus dem Gebüsch und sprachen: „Was befehlen der Herr Graf Gockel von Hanau von uns?" „Wieso!" sagte Gockel unwillig, „was soll ich begehren?" „Der Herr Graf haben uns doch mit Namen gerufen", sagten die Juden alle drei, „denn haben Sie doch Halsab, Kropfauf, Steinkauf gesprochen, und dies sind unsre drei Namen; vielleicht wollen Sie Ihr Wappen auf ein Petschaft stechen lassen, denn wir sind auch Petschierstecher und sehen, daß Sie Ihr Wappen in den Händen haben." „Ach!" sagte Gockel, „ich möchte mein Wappen lieber ganz vernichten; denn der Hahn Alektryo, der drauf abgebildet ist, hat uns schändlich betrogen", und nun erzählte er ihnen sein ganzes Unglück. „Sehen der Herr Graf", sagten die drei philosophischen Petschierstecher, „wie gut wir es mit Ihnen gemeint, da wir Ihnen den Hahn abkaufen wollten? Haben wir nicht gesagt, Sie würden ihn nächstens vielleicht gern loswerden, wenn ihn nur noch jemand wolle?" – „Wieso, gut gemeint?" sagte Gokkel, „wie konntet ihr denn wissen, daß mich der Hahn in solches Leid versetzen würde?" Da erwiderte der eine Jude: „Dies Leid steht ja hell und klar auf der buchsbaumenen Kapsel, unsere Voreltern haben ja selbst dieses Siegel verfertigt und deswegen ihre drei Namen Kopfab, Kropfauf, Steinkauf unter die alte Unglücksprophezeiung geschnitten. Da wir nun hörten, daß der Herr Graf wirklich in Armut geraten ist, wollten wir demselben den Hahn abkaufen, weiteres Unglück von Ihnen abzuwenden, weil Ihre Vorfahren den unsern durch die Verfertigung des Wappens Brot gaben, weswegen auch Brotgab unter die Namen geschrieben wurde." „Das ist wunderbar", erwiderte Gockel, „aber ich sehe in dem Wappenspruch gar keine Unglücksprophezeiung, sondern grad das Gegenteil. Steht doch in den Worten

Dem Gockel Hahn
Bringt Glücke selbst
Um Undank,

ganz deutlich ausgesprochen, daß der Hahn selbst für Undank dem Geschlecht der Gockel Glücke bringen werde?"

„Ja", sagte da der zweite Jude, „der Spruch ist wie alle solche Sprüche geheimnisvoll gestellt; wir aber als Petschierstecher müssen dergleichen besser verstehn; es kommt hier nur auf ein paar Strichlein zuviel oder zuwenig an. Sehen der Herr Graf: ein Strichlein über dem ü im Wort Glücke ist zuviel von unsern Vätern hineingeschnitten, und der Spruch heißt eigentlich:

Dem Gockel Hahn
Bringt Glucke selbst
Um, Undank!

Nämlich: der Hahn bringt dem Gockel die Glucke selbst um, o Undank! Und daß dies so heißt, bezeugt die Tatsache, daß der undankbare Hahn auch wirklich die brütende Glucke mitsamt den Küchlein umgebracht."

Durch diese Auslegung war Gockel ganz von der Rede der Juden und seinem Unglück überzeugt. Er bat die Juden, ihm doch den Bock und die Ziege jetzt für den Hahn zu geben, aber das wollten sie nicht mehr und sprachen: „Was soll uns der Hahn? Er ist ein Unglückshahn, er kann uns ein Leid antun, wer wird einen Unglückshahn essen? Und bleibt er leben, er könnte einem ein Unglück ankrähen. Aber lassen ihn der Graf einmal sehen, man kauft keine Katze im Sack, viel weniger einen Hahn!"

Da zog der Gockel den Hahn aus dem Sack und sprach weinend: „O Alektryo, Alektryo, welches Leid hast du mir getan!" Alektryo ließ Kopf und Flügel hängen und war sehr traurig. Als ihm der eine Jude an den Kropf fühlen wollte, ward er ganz wütend, alle seine Federn sträubten sich empor, er hackte und biß nach ihm und schrie und schlug so heftig mit den Flügeln, daß der Jude zurückwich und Gockel den Hahn kaum halten konnte! „Schau eins!" sagten die Juden, „das wilde Ungeheuer, es will die Leute fressen, das tut das böse Gewissen. Wer wird ihn kaufen?" Als aber Gockel ihn immer wohlfeiler bot, sagten ihm endlich die Juden: „Wenn Ihr uns den Hahn nach Hause tragen wollt, so wollen wir Euch neun Ellen Zopfband für ihn geben, daß Ihr auch einen schönen langen Zopf binden könnt, wie sich's einem Grafen gebührt"; und Gockel willigte endlich ein, um nur etwas für den Alektryo zu erhalten.

Frau Hinkel und Gackeleia hatten alles dies still mit angehört und gingen mit schwerem Gewissen nach Haus; denn sie wußten wohl, daß die Juden die Unwahrheit sagten.

Gockel aber nahm den Alektryo unter den Arm und folgte traurig den drei philosophischen Petschierstechern durch den Wald nach ihrem Wohnorte. Anfangs gingen die Juden dicht um ihn, weil der Hahn aber dann immer nach ihnen biß und schrie, sagten sie dem Gockel, einige Schritte mit dem grausamen Ungeheuer hinter ihnen her zu gehen. Gockel hörte, wie immer die drei Juden zueinander sagten: „Kropfauf, Steinkauf, Halsab", und wie sie dann miteinander zankten und immer einer zum andern schrie: „Nein, ich Steinkauf, nein, du Kropfauf, nein, du Halsab", und als Gockel sie fragte, warum sie immer ihre Namen nennend zankten, sagten sie: „Ei, es will keiner von uns den Hahn schlachten, weil er ein so grausames Tier ist; wenn du ihn uns gleich schlachten willst, so wollen wir dir seinen Kamm, seine Füße und Sporen und seinen Schwanz geben, die kannst du auf deine Mütze setzen zum ewigen Andenken. Drehe ihm unterm Tragen den Hals ganz leise um!" „Gut", sagte Gockel und faßte den guten Alektryo an der Kehle. Da fühlte er aber etwas sehr Hartes in seinem Kropfe, und der Hahn bewegte sich so heftig dabei, daß die Juden sich sehr fürchteten und zu Gockel sprachen: „Gehe ein wenig weiter hinter uns her!" Das tat Gockel, und als er wieder an den Hals des Alektryo faßte, fühlte er das Harte im Kropfe wieder und machte sich allerlei Gedanken, was es doch nur sein könnte. Da sagte auf einmal der Hahn mit deutlichen Worten zu ihm:

> „Lieber Gockel, bitt dich drum,
> Dreh mir nicht den Hals herum,
> Köpf mich mit dem Grafenschwert,
> Wie es eines Ritters wert!
> Graf Gockel, o bittre Schmach!
> Trägt den Juden Hahnen nach."

Gockel blieb vor Schrecken und Rührung starr stehen, als er den Alektryo reden hörte; aber er besann sich bald eines andern und wollte den Juden nicht mehr den köstlichen Hahn, der reden konnte, um neun Ellen Zopfband nachtragen und rief den Juden zu, links in das Gebüsch zu treten, jetzt wolle er das grausame Ungeheuer töten. Die Juden sprangen in das Gebüsch, aber da war eine mit Reisern bedeckte Wolfsgrube, die kannte Gockel gut, denn er hatte sie selbst gegraben, und plumps! fielen alle drei naturphilosophischen Petschierstecher hinein und riefen dem Gockel, ihnen herauszuhelfen. Aber der gab keine Antwort und schlich sich in die Nähe der Grube, um zu hören, was die alten Petschierstecher vorbringen würden.

„Ach!" schrie der eine, „da haben wir es: wer einem andern eine Grube gräbt, fällt selbst hinein; alle Mühe und Arbeit und der köstliche Zauberstein in des Hahnes Kropf ist verloren für uns. Der Gockel muß es gemerkt haben, daß Halsab, Kropfauf, Steinkauf, Brotgab nicht unsre Namen sind, und daß dieser Spruch nichts anders heißt, als man müsse dem Hahn den Hals ab- und den Kropf aufschneiden, um den köstlichen Stein aus demselben zu erhalten, der einem nicht nur Brot gibt, sondern alles, was man von ihm begehrt, Jugend, Reichtum, Glück und alle Güter der Welt." Da schrie der andre: „O wehe uns, daß wir jemals etwas von dem Steine in dem Hals des Hahnen erfahren haben! O hätten unsre Väter doch niemals in dem alten Gockelschloß nach Schätzen gegraben und dort das ganze Geheimnis auf dem alten Steine eingehauen gelesen, so hätten wir Ruhe gehabt; jetzt schwebt uns der Stein immer vor Augen, mit dem wir all unser Glück verloren haben." Nun schrie der dritte Petschierstecher: „Unglück über Unglück! Alle Mühe

und Arbeit verloren! Wie lange haben wir dem König von Gelnhausen zugesetzt, wieviel Geld haben wir an seine Minister bezahlt, bis sie den Gockel vertrieben und in Armut gebracht, damit wir ihm den Hahn leicht abkaufen könnten! Haben unsre Eltern doch allein das Petschierstechen gelernt, um das Wappen des alten Gockels in die Hände zu kriegen und den Spruch auf der Kapsel zu lesen; wieviel Arbeit und Kopfbrechens hat uns die Naturphilosophie nicht gekostet, um den Spruch ganz zu verstehen! Alles, alles ist verloren, und Gockel wird uns dazu noch auslachen, daß wir in dem Loche sitzen! Wenn wir nur aus dem Loche wären! Und wer bezahlt mir nun die Katze, die ich mit ihren sieben Jungen selbst aus meinem Beutel gekauft und in das Schloß gesetzt habe, damit sie die Gallina mitsamt der Brut fressen sollte, auf daß dem Gockel der Hahn feil würde? Wer bezahlt mir die Katze? Ich will mein Geld für die Katze! Hätte ich ihr den Pelz doch abziehen können und sie als einen Hasen verkaufen und den Pelz auch verkaufen können! Ich will mein Geld für die Katze!"
Über dies Geschrei mußte Gockel lachen; da glaubte der eine Petschierstecher, einer seiner Gesellen habe ihn ausgelacht, und schlug nach ihm; der schrie und sagte, der andre sei es gewesen; da schlug dieser nach ihm, und daraus entstand eine allgemeine Prügelei unter den dreien, worüber Gockel mit seinem Hahn Alektryo die Grube verließ und nach seinem Schlosse in tiefen Gedanken zurückging.

Er hatte gar vieles erfahren, die Lüge der Frau Hinkel und der kleinen Gackeleia, die Anwesenheit einer alten Schrift auf Stein in seinem Schloß, das Geheimnis von dem Zauberstein in des Hahnen Kropf und die ganze Betrügerei der naturphilosophischen Petschierstecher. Alles dieses machte ihn

gar tiefsinnig und betrübt; er drückte den edlen
Hahn Alektryo ein Mal um das andre an sein Herz
und sagte zu ihm: „Nein, du geliebter, ehrwürdiger,
kostbarer Alektryo, und wenn du den Stein der
Weisen und Salomons Petschaft in deinem Kropf
hättest, du sollst darum durch meine Hand nicht
sterben, und ehe Gockel nicht verhungert, sollst du
auch nicht umkommen." Nach diesen Worten wollte
er dem Alektryo ein bißchen Brot geben, der schüttelte aber den Kopf und sprach gar traurig:

> „Alektryo ist in großer Not,
> Gallina tot, dreißig Hühnchen tot,
> Alektryo will mehr kein Brot,
> Will sterben durch das Grafenschwert,
> Wie es ein edler Ritter wert.
> Nur eine Bitte sei gewährt:
> Will haben ein ehrlich Halsgericht,
> Wo Gockel von Hanau das Urteil spricht
> Und der Katze das Stäblein bricht.
> Alektryo ist ein armer Tropf,
> Schneid du ihm ab den edlen Kopf
> Und nimm den Stein ihm aus dem Kropf!"

„O Alektryo", sprach Gockel mit Tränen, „ein
schreckliches Gericht soll über die Katze ergehen,
deine verstorbene Gallina und deine dreißig Jungen sollen gerächt werden, und was noch von ihnen
übrig ist, soll in einem ehrlichen Grabe bestattet
werden; aber du, du mußt bei mir bleiben." Der
Hahn aber wiederholte immer die nämlichen Worte,
daß er in jedem Falle sterben wollte, und wenn
Gockel ihn nicht schlachten wollte, so werde er sich
zu Tode hungern; Gockel werde schon auf dem alten
Stein alles beschrieben finden und dann kurzen Pro-
zeß machen. Kurz, er blieb immer bei seiner Mei-

nung und begehrte, daß Gockel ihm den Kopf mit dem Grafenschwert abhauen solle.

Es war Nacht geworden, als Gockel nach Haus kam, und Frau Hinkel und die kleine Gackeleia schliefen schon; denn sie erwarteten den Gockel heute nicht zurück, weil sie glaubten, er sei mit den Käufern des Alektryo nach der Stadt gegangen. Zuerst schlich sich Gockel nach dem Winkel, wo die mörderische Katze mit ihren Jungen lag; Alektryo zeigte ihm den Weg. Gockel ergriff sie alle zusammen und steckte sie in denselben Sack, in welchem der arme Alektryo gefangengelegen hatte.

Ach, wie trauerte der arme Gockel und Alektryo, als sie die Federn und Gebeine der guten ermordeten Gallina und ihrer Küchlein um das Nest der Katze herumliegen sahen! Sie weinten bittre Tränen miteinander, und Alektryo trug, mit seinem Schnabel herumsuchend, alle die Beinchen und Federn der Gallina und ihrer Jungen auf einen Haufen.

Nun führte der Hahn den alten Gockel in die wüste Schloßkapelle und begann vor dem Altar heftig mit den Füßen in der Erde zu scharren. Gockel verstand ihn und fing an diesem Orte zu graben an. Da entdeckte er einen großen Marmorstein, auf welchem geschrieben stand, daß vor langen Zeiten ein Vorfahre Gockels von Hanau den Edelstein aus dem Ringe Salomonis besessen habe; als aber die Feinde das Schloß verwüstet hätten, habe der Hahn, welcher immer bei der Familie ernährt werde, den kostbaren Stein verschluckt, damit ihn die Feinde nicht eroberten. Der fromme Gockel aber habe darum den Hahn nicht schlachten wollen, weil es ein heiliges Gesetz sei bei der Familie, den Hahnen nie zu ermorden, bis er selbst den Tod begehre.

Als Gockel diese Schrift gelesen, sagte er zu Alektryo: „Da kannst du selbst lesen, lieber Alektryo, daß ich dich nicht umbringen darf; aber sage, wie ist denn der edle Zauberstein an dich gekommen?" Da erwiderte ihm Alektryo:

"Urgroßvater sterbend spie aus den Stein,
Da schluckte ihn mein Großvater ein;
Großvater sterbend spie aus den Stein,
Da schluckte ihn mein Herr Vater ein;
Herr Vater sterbend spie aus den Stein,
Da schluckte ihn ich, der Alektryo, ein;
Alektryo sterbend speit aus den Stein,
Da kehrt er zu Gockel, dem Herren sein.
Gallina tot und Küchelchen tot,
Alektryo frißt mehr kein Brot,
Will sterben durch das Grafenschwert,
Wie es eines edlen Ritters wert.
Die Prophezeiung auf deinem Siegel steht,
Ist aus, an mir in Erfüllung geht."

"Wohlan", sagte Gockel, "so will ich dann morgen früh allhier ein strenges Halsgericht halten und soll dir eine strenge Genugtuung für den Tod der Gallina und deiner Jungen gegeben werden. Dann aber will ich an dir tuen, was du begehrst." Nun setzte sich Gockel auf die Stufen des Altars, um noch ein wenig zu schlummern, Alektryo aber trug alle Gebeine und Federn der Gallina und ihrer Jungen in die Kapelle und legte aus den Gebeinen einen kleinen Scheiterhaufen auf dem ausgegrabenen Steine zusammen und stopfte die Federn alle in die Mitte desselben.

Als aber der Morgen zu grauen begann, flog der Alektryo auf die höchste Mauer des Schlosses und krähte dreimal so laut und heftig in die Luft hinein, daß sein Ruf wie der Schall einer Gerichtstrompete von allen Wänden widerschallte und alle Vögel erwachten und die Köpfe aus dem Nest steckten, um zu hören, was er verkünde. Und da sie hörten, daß er sie zu Recht und Gericht gegen die mörderische Katze vor den Raugrafen Gockel von Hanau rief, fingen sie gewaltig an, mit tausend Stimmen ihre Freude über diesen Ruf zu verkünden. Sie machten sich alle auf, schüttelten sich die Federn und putzten sich die Schnäbel, um ihre Klagen vorzubringen, und flogen alle in den Raum der Kapelle, wo sie sich hübsch ordentlich in Reih und Glied in die leeren Fenster, auf die Spitzen der zerbrochenen Säulen und auf die Mauervorsprünge und auf die hie und da drin wachsenden Büsche setzten und die Eröffnung des Gerichts erwarteten.

Als die Vögel alle versammelt waren, trat Alektryo vor die Stalltüre, worin Hinkel und Gackeleia noch schliefen, und indem er gedachte, daß hier der Mord an der frommen Gallina geschehen, krähte er mit solchem Zorne in den Stall hinein und schlug dermaßen mit den Flügeln dazu, daß Frau Hinkel und Gackeleia mit einem gewaltigen Schrecken erwachten und beide zusammen ausriefen: „O weh! O weh! Da ist der abscheuliche Alektryo schon wieder; er ist gewiß dem Vater im Walde entwischt, wir müssen ihn nur gleich fangen." Nun sprangen sie beide auf und verfolgten den Alektryo, mit ihren Schürzen wehend; er aber lief spornstreichs in die Kapelle hinein, und wie erschraken Hinkel und Gackeleia, als sie daselbst auf den Stufen des Altars den Gockel mit finsterm Angesicht, das große, rostige Grafenschwert in der Hand haltend, sitzen sahen! Sie wollten ihn eben fragen, wie er wieder hierher gekommen sei, aber er gebot ihnen zu schweigen, und wies ihnen mit einer so finstern Miene einen Ort an, wo sie ruhig stehenbleiben sollten, bis sie vor Gericht gerufen würden, daß sie sich verwundert einander ansahen.

Der Hahn Alektryo ging immer sehr traurig und in schweren Gedanken mit gesenktem Kopfe vor Gockel auf und ab, wie ein Mann, der in traurigen Umständen sehr tiefsinnige, verwickelte Dinge überlegt. Ja, er sah ordentlich aus, als lege er die Hände auf den Rücken. Auch Gockel sah einige Minuten still vor sich hin, und alle Vögel rührten sich nicht. Nun stand Gockel auf und hieb mit seinem Grafenschwert majestätisch nach allen vier Winden mit dem Ausruf:

> „Ich pflege und hege ein rechtes Gericht,
> Wo Gockel von Hanau das Urteil spricht
> Und über den Mörder den Stab zerbricht."

Nach diesen Worten flog Alektryo auf die Schulter Gockels und krähte dreimal sehr durchdringlich. Frau Hinkel wußte gar nicht, was dies alles bedeuten sollte, und schrie in großen Ängsten aus: „O Gockel, mein lieber Mann, was machst du? Ach, ich Unglückliche, er ist närrisch geworden." Da winkte ihr Gockel nochmals, zu schweigen, und sprach:

> „Wer kömmt zu Rüge, wer kömmt zu Recht?"

Da trat Alektryo hervor und sprach mit gebeugtem Haupt:

> „Alektryo klagt, dein Edelknecht!"

Ach, wie fuhr das der Frau Hinkel und der kleinen Gackeleia durch das Gewissen, als sie hörten, daß der Hahn reden konnte; sie zitterten, daß nun alles gewiß herauskommen würde. Da sprach Gockel:

„Alektryo, was ward dir getan?"

Da trat Alektryo zu den Gebeinen der Gallina
und sprach:

„Ach, Herr, schau diese Gebeinlein an!
Das war mein Weib und meine Brut,
Die Katze zerriß sie und trank ihr Blut.
Des schrei ich weh! und aber weh!
und immer und ewig herrjemine!"

Bei diesen Worten krähte er wieder gar betrübt,
und Gockel sagte:

„Alektryo, du mein edler Hahn,
Ich hörte, du hättest es selbst getan.
Nun bringe du mir auch Zeugen bei,
Daß deine Klage wahrhaftig sei!"

Da antwortete Alektryo:

„Weil ich die Faulen zu früh erweckt,
Ward vor Tag in den Sack gesteckt;
Ich hab nur gehört, hab nicht gesehn,
Wie das grausam Unglück geschehn.
Aber ich bitte alle die lieben Vögelein,
Sie sollen meine treuen Zeugen sein."

Nach diesen Worten fingen alle die Vögel an, so
gewaltig durcheinander zu zwitschern, zu schnar-
ren und zu klappern, daß Gockel sprach:

„Halt ein, hübsch still, macht kein Geschrei!
Ich will euch vernehmen nun nach der Reih'.
Zuerst Frau Schwalbe, die früh aufsteht,
Mein Zeugenruf an dich ergeht."

Da flog die Schwalbe heran und sprach:

„Es ist wirklich, gewiß, sicherlich geschehn,
Ich will's immer und ewig nimmermehr wieder
                              sehn,
Wie die wilde Kätzin und ihre Kätzchen
Sprengten mit zierlichen Sprüngen und Sätzchen
Und rissen ripps, rapps die Küchlein und ihr
                              Mütterlein treu
Gripps, grapps in viele, viele klein winzige Fetzen
                              entzwei.
Ich blieb drüber im Schrecken
Schier im zierlichsten Gezwitscher stecken.
Ich bin im Begriffe gewesen,
Meinen Kindern, wie üblich, ein Kapitel aus der
                              Bibel
Von Tobiä Schwälblein explizierend zu lesen,
Da geschah das himmelschreiende, grimmige Übel.
Als ich, wie's schicklich ist, mit witziger List
                              meine Geschichte
Und Hirngespinste, die figürlichen, manierlichen
                              Traumgedichte,
Meinen Kindern so ziemlich klimperklärlich im
                              Schimmer
Des glitzernden Frühlichts rezitierte, ist, was ich
                              nimmer
Sehen will, geschehen, die verzweifelte,
                              verzweifelte Misse –
Misse – Missetat. Sieh, es ist die liebe, fleißige,
                              emsige,
Pickende, kritzende, kratzende Gickel, Gackel,
                              Gallina nicht mehr,
Das liebe, zierliche, von weißen Weidenzweigen
                              gewickelte,
Gezwickelte, von piependen, pickenden, trippeln-
                              den Küchelchen

Wimmelnde Nest ist zerrissen und lee, lee, lee, leer.
Ach, ich will mit denen, die drum wissen, das böse
Gewissen
Teilen für immer und ewiglich nimmer und nimmer
me, me, me, mehr."

Nach dieser sehr beweglichen Aussage der kleinen
Schwalbe krähte Alektryo wieder:

„So kräh ich dann weh! und aber weh!
Und immer und ewig herrjemine!"

Bei dem Krähen aber ward der Frau Hinkel und
der kleinen Gackeleia fast zumute wie dem heiligen
Petrus, als der Hahn krähte, da er den lieben
Herrn Jesus verleugnet hatte. Gockel sprach nun:

„Hab Dank, Frau Schwalbe, tritt von dem Plan,
Nun komme, Rotkehlchen, und zeuge an!"

Da flog das liebe kleine Rotkehlchen auf einen
wilden Rosenstrauch in der Nähe des Altars und
sagte:
„Auf des höchsten Giebels Spitze
Sang im ersten Sonnenblitze
Ich mein Morgenliedlein fromm,
Pries den lieben Tag willkomm.
Bei mir saß, gar freundlich lächelnd,
Sich im Morgenlüftchen fächelnd,
Der erwachte Sonnenstrahl;
Unten lag die Nacht im Tal.
Unten zwischen finstern Mauern
Sah ich Katzenaugen lauern,
Und ich dankte Gott vertraut,
Daß ich hoch mein Nest gebaut.
Nun sah ich die Katze schleichen,

Mit den Jungen unten streichen
In den Stall und hört' Geschrei,
Wußt' bald, was geschehen sei.
Denn sie und die Jungen alle
Sprangen blutig aus dem Stalle,
Trugen Hühnchen in dem Maul
Und zerrissen sie nicht faul.
Ach, da war ich sehr erschrecket,
Hab die Flügel ausgestrecket,
Flog ins Nest und deckt' in Ruh'
Meine lieben Jungen zu.
Ja, ich muß es eingestehen,
Hab den bösen Mord gesehen,
Und mein kleines Mutterherz
Brach mir schier vor Leid und Schmerz!"

Nach diesen Worten krähte Alektryo wieder:

„So krähe ich weh! und aber weh!
Und immer und ewig herrjemine!"

Nun hörte Gockel noch viele andre Vögel als
Zeugen ab, und alle, vom Storch bis zur Grasmücke
erzählten, wie sie den Mord durch die Katze gesehen.
Als aber Gockel nun sich zu Frau Hinkel und zu
Gackeleia wendete und sie beide fragte, wie sie das
hätten können geschehen lassen, da die Gallina doch
dicht neben ihrem Ruhebett gebrütet habe, und
warum sie gelogen und alles auf den edlen Alektryo geschoben hätten, sanken beide auf die Knie,
gestanden ihr Unrecht unter bittern Tränen und
versprachen, es niemals wieder zu tun. Gockel hielt
ihnen eine scharfe Ermahnung und bat den Alektryo, ihnen selbst ihre Strafe zu bestimmen. Der
gute Hahn aber bat für sie und verzieh ihnen selbst.

Gockel aber sagte: „Deine Strafe, Frau Hinkel, soll sein, daß ich dir und deiner Tochter ein Hühnerbein und einen Katzenellenbogen in das Wappen setze zum ewigen Angedenken für eure böse Handlung, und außerdem soll Gackeleia, weil sie die Katzen heimlich sich zum Spiele erzogen und durch diese ihre Spielerei ein solches Unglück angestellt hat, nie mit einer Puppe spielen dürfen."

Ach, da fingen Frau Hinkel und Gackeleia bitterlich zu weinen an! Gockel aber befahl dem Hahn, den Scharfrichter zu holen, damit die Katze mit ihren Jungen hingerichtet würden. Da schrie der Hahn und alle Vögel: „Das ist die Eule, die große alte Eule, die dort drauß in der hohlen, dürren Eiche mit ihren Jungen sitzt." Und sogleich ward die Eule gerufen. Als sie ernsthaft und finster, wie ein verhaßtes, gefürchtetes, von allen andern verlassenes Tier, mit ihren Jungen zu der Kapelle mit schweren Flügeln hereinrasselte und mit dem Schnabel knappte und hu hu schrie und die Augen verdrehte, flohen die Vögel zitternd und bebend in alle Löcher und Winkel; Gackeleia verkroch sich schreiend hinter der Schürze ihrer Mutter, welche sich selbst die Augen zuhielt.

Gockel aber legte den Sack, worin die böse Katze mit ihren Jungen stak, in die Mitte der Kapelle, und die Eule trat mit ihren drei Jungen vor den Sack hin und sprach:

> „Ich komme, zu richten und zu rechten
> Mit meinen drei Söhnen und Knechten.
> Nun höre, du Katz', armer Sünder,
> Nun höret, ihr Katzenkinder,
> Die ihr seid arme Sünderlein:
> Ein Exempel muß statuieret sein.

Nun, Hackaug, Blutklau und Brichdasgnick,
Meine Söhne, macht euer Meisterstück!"

Da wollten sie den Sack aufmachen und die Katzen vor aller Augen hinrichten; aber Gackeleia schrie so entsetzlich, daß Gockel der Eule befahl, mit ihren Söhnen den Sack fortzutragen und ihr Geschäft zu Haus zu verrichten, was sie auch taten.

Als so dieses schreckliche Schauspiel vermieden war, trat Alektryo vor Gockel und verlangte, daß er ihm nun mit dem Grafenschwert den Kopf abschlagen, sich den Zauberstein aus seinem Kropfe nehmen und ihn sodann mit den Gebeinen der Gallina und ihrer Jungen verbrennen sollte. Gockel weigerte sich lange, dem Begehren des Alektryo zu folgen; aber da er sich auf keine Weise wollte abweisen lassen und ihn versicherte, daß er sich doch in jedem Falle zu Tode hungern werde, so willigte Gockel ein. Er umarmte den edlen Alektryo nochmals von ganzem Herzen. Dann streckte der ritterliche Hahn den Hals weit aus und krähte zum letztenmal mit lauter Stimme, und unterdem schwang Gockel das Grafenschwert und hieb den Hals des Alektryo mittendurch, so daß der Edelstein ihm vor die Füße fiel und der tote Hahn daneben.

Alle Anwesenden weinten bitterlich; man legte den guten Hahn auf die Gebeine der Gallina, und alle Vögel brachten dürre Reiser und legten sie drum her. Da steckte Gockel die Reiser an und verbrannte alles zu Asche; aus den Flammen aber sah man die Gestalt eines Hahns wie ein goldnes Wölkchen durch die Luft davonschweben. Nun begrub Gockel die Asche und deckte den Stein mit der Schrift wieder mit Erde zu und hielt dann eine schöne Rede über die Verdienste und die großmütige Seele des verstorbenen Alektryo und des edlen Hahnengeschlechts überhaupt; unter anderm aber sprach er:

„Wer gibt die Weisheit ins verborgne Herz des Menschen? Wer gibt dem Hahnen Verstand? Gleichwie der Hahn den Tag verkündet und den Menschen vom Schlaf erweckt, so verkünden fromme Lehrer das Licht der Wahrheit in die Nacht der Welt und sprechen: Die Nacht ist vergangen, der Tag ist gekommen, lasset uns ablegen die Werke der Finsternis und anlegen die Waffen des Lichts! O wie lieblich und nützlich ist das Krähen des Hahnes! Dieser treue Hausgenosse erwecket den Schlafenden, ermahnet den Sorgenden, tröstet den Wanderer, meldet die Stunde der Nacht und verscheuchet den Dieb und erfreuet den Schiffer auf einsamem Meere, denn er verkündet den Morgen, da die Stürme sich legen. Die Andächtigen wecket er zum Gebet, und den Gelehrten rufet er, seine Bücher bei Licht zu suchen. Den Sünder ermahnet er zur Reue, wie Petrum. Sein Geschrei ermutiget das Herz des Kranken. Dreierlei haben einen feinen Gang, und das Vierte geht wohl, der Löwe, mächtig unter den Tieren, er fürchtet niemand – ein Hahn mit kraftgegürteten Lenden, ein Widder und ein König, gegen den sich keiner erheben darf – aber dennoch fürchtet der Löwe, der niemanden fürchtet, den Hahn und fliehet vor seinem Anblick und Geschrei; denn der Feind, der umhergeht wie ein brüllender Löwe und suchet, wie er uns verschlinge, fliehet vor dem Rufe des Wächters, der das Gewissen erwecket, auf daß wir uns rüsten zum Kampf. Darum auch ward kein Tier so erhöhet; die weisesten Männer setzen sein goldenes Bild hoch auf die Spitzen der Türme über das Kreuz, daß bei dem Wächter wohne der Warner und Wächter. So auch steht des Hahnen Bild auf dem Dekkel des Abcbuches, die Schüler zu mahnen, daß sie früh aufstehen sollen, zu lernen. O wie löblich ist das Beispiel des Hahnen! Ehe er kräht, die Menschen vom Schlafe zu wecken, schlägt er sich selbst ermunternd mit den Flügeln in die Seite, anzeigend, wie ein Lehrer der Wahrheit sich selbst der Tugend bestreben soll, ehe er sie anderen lehret. Stolz ist der Hahn, der Sterne kundig, und richtet oft seine Blicke zum Himmel; sein Schrei ist prophetisch, er kündet das Wetter und die Zeit. Ein Vogel der Wachsamkeit, ein Kämpfer, ein Sieger, wird er von den Kriegsleuten auf den Rüstwagen gesetzt, daß sie sich zurufen und ablösen zu gemessener Zeit. So es dämmert und der Hahn mit den Hühnern zu ruhen sich auf die Stange setzt, stellen sie die Nachtwache aus. Drei Stunden vor Mitternacht regt sich der Hahn, und die Wache wird gewechselt; um Mitternacht beginnt er zu krähen, sie stellen die dritte Wache aus, und drei Stunden gen Morgen rufet sein tagverkündender Schrei die vierte Wache auf ihre Stelle. Ein Ritter ist der Hahn, sein Haupt ist geziert mit Busch und roter Helmdecke, und ein purpurnes Ordensband schimmert an seinem Halse; stark ist seine Brust wie ein Harnisch im Streit, und sein Fuß ist bespornt. Keine Kränkung seiner Damen duldet er, kämpft gegen den eindringenden Fremdling auf Tod und Leben, und selbst blutend verkündet er seinen Sieg stolz emporgerichtet gleich einem Herold mit lautem Trompetenstoß. Wunderbar ist der Hahn; schreitet er durch ein Tor, wo ein Reiter hindurchkönnte, bücket er doch das Haupt, seinen Kamm nicht anzustoßen, denn er fühlt seine innere Hoheit. Wie liebet der Hahn seine Familie! Dem legenden Huhn singt er liebliche Arien: Bei Hühnern, welche Liebe fühlen, fehlt auch ein gutes Herze nicht, die süßen Triebe mitzufühlen, ist auch der Hahnen erste Pflicht[5]. Stirbt ihm die brütende Freundin, so vollendet er die Brut und führet die Hühnlein, doch ohne zu krähen, um allein Mütterliches zu tun. O welch ein erhabenes Geschöpf ist der Hahn! Phidias setzte sein Bild auf den Helm der Minerva[6], Idomeneus[7] auf seinen Schild. Er war der Sonne, dem Mars, dem Merkur, dem Äskulap geweiht. O wie geistreich ist der Hahn! Wer kann es den morgenländischen Kabbalisten verdenken, daß sie sich Alektryos bemächtigen wollten, da sie an die Seelenwanderung glaubten, und der Hahn des Micyllus[8] sich seinem Herrn selbst als die Seele des Pythagoras vorstellte, die inkognito krähte? Ja, wie mehr als ein Hahn ist ein Hahn, da sogar ein gerupfter Hahn noch den Menschen des Plato vorstellen konnte[9]!" usw.

Diese schöne Leichenrede[10] ward sehr oft von dem lauten Schluchzen und Weinen des Gockels, der

5. Nach dem Duett im ersten Akt von Mozarts „Zauberflöte": Bei Männern, welche Liebe fühlen usw.
6. So beschreibt der griechische Schriftsteller Pausanias(2. Jh. n. Chr.) ein uns nicht erhaltenes Bildwerk des griechischen Bildhauers (Buch VI, 26, 2).
7. König von Kreta, einer der Helden Homers. Auch diese Bemerkung geht auf Pausanias (Buch V, 25, 5) zurück.
8. Name eines Schuhflickers aus einem Dialog des griechischen Satirikers Lukian (125-180 n. Chr.), in dem sich diese Szene findet.
9. Spielt auf eine Erzählung des spätgriechischen Schriftstellers Diogenes Laërtius an, der von dem Zyniker Diogenes berichtet: er habe, als Plato einmal den Menschen als ein zweibeiniges Wesen ohne Federn definiert habe, diesem beim nächsten Besuch einen gerupften Hahn mitgebracht und seinen Schülern spöttisch zugerufen: „Da schaut den Menschen Platons!" (40. Kap.)
10. Benutzt wurde von Brentano zu diesem Loblied auf den Hahn hauptsächlich die „Alektryomantia" des Johannes Prae-

Frau Hinkel und der kleinen Gackeleia unterbrochen; auch alle Vögelein waren sehr gerühret und weinten stille mit. Den ganzen übrigen Tag weinte Frau Hinkel und Gackeleia noch und wollten sich gar nicht zufriedengeben, daß sie an dem Tode der Gallina und des Alektryo schuld gewesen. Gockel gab ihnen die schönste Ermahnung, sie versprachen die aufrichtigste Besserung, und so entschlief die ganze Familie am Abend dieses traurigen Tages nach einem gemeinschaftlichen herzlichen Gebet.

Als Gockel in der Nacht erwachte, dachte er der Frau Hinkel und seines Töchterleins Gackeleia mit vieler Liebe und entschloß sich, ihnen nach dem vielen Schrecken, den sie gehabt, eine rechte Freude zu machen und zugleich den Zauberstein aus des Hahnen Kropf zu versuchen. Er nahm daher den Stein aus seiner Tasche, steckte ihn an den Finger und drehte ihn an demselben herum mit den Worten:

„Salomon, du weiser König,
Dem die Geister untertänig,
Mach mich und Frau Hinkel jung!
Trag uns dann mit einem Sprung
Nach Gelnhausen in ein Schloß!
Gib uns Knecht und Magd und Roß,
Gib uns Gut und Gold und Geld,
Brunnen, Garten, Ackerfeld!
Füll uns Küch' und Keller auch,
Wie's bei großen Herren Brauch!
Gib uns Schönheit, Weisheit, Glanz,
Mach uns reich und herrlich ganz!
Ringlein, Ringlein, dreh dich um,
Mach's recht schön, ich bitt dich drum!"

torius (1680 zu Frankfurt erschienen), die viele der beigebrachten Lobpreisungen enthält und begründet.

Unter dem Drehen des Ringes und dem öftern Wiederholen dieses Spruches schlief Gockel endlich ein. Da träumte ihm, es träte ein Mann in ausländischer reicher Tracht vor ihn, der ein großes Buch vor ihm aufschlug, worin die schönsten Paläste, Gärten, Hausgeräte, Wagen, Pferde und andere dergleichen Dinge abgebildet waren, aus welchen er sich die schönsten heraussuchen mußte. Gockel tat dies mit großem Fleiß und träumte alles so klar und deutlich, als ob er wache. Da er aber das Buch durchgeblättert hatte, schlug der Mann im Traume es so heftig zu, daß Gockel plötzlich erwachte. Es war noch dunkel, und er war so voll von seinem Traum, daß er sich entschloß, seine Frau zu wecken, um ihr denselben zu erzählen; auch fühlte er ein so wunderbares Behagen durch alle seine Glieder, daß er sich kaum enthalten konnte, laut zu jauchzen. Da er sich immer mehr vom Schlafe erholte, empfand er die lieblichsten Wohlgerüche um sich her und konnte gar nicht begreifen, was nur in aller Welt für köstliche Gewürzblumen in seinem alten Hühnerstall über Nacht müßten aufgeblüht sein. Als er aber, sich auf seinem Lager wendend, bemerkte, daß kein Stroh unter ihm knisterte, sondern daß er auf seidenen Küssen[11] ruhe, begann er vor Erstaunen auszurufen: „O jemine! was ist das?" In demselben Augenblick rief Frau Hinkel dasselbe, und beide riefen: „Wer ist hier?" und beide riefen: „Ich bin's, Gockel! Ich bin's, Hinkel!" Aber sie wollten's beide nicht glauben, daß sie es wären. Es hatte ihnen beiden dasselbe geträumt, und sie würden geglaubt haben, daß sie noch träumten, aber sie fanden gegenseitig ihre Stimme so verändert,

11. Kissen.

daß sie vor Verwunderung gar nicht zu Sinnen kommen konnten.

„Gockel", flüsterte Frau Hinkel, „was ist mit uns geschehen? Es ist mir, als wäre ich zwanzig Jahr alt." „Ach, ich weiß nicht", sagte Gockel, „aber ich möchte eine Wette anstellen, daß ich nicht über fünfundzwanzig alt bin." „Aber sage nur, wie kommen wir auf die seidenen Betten?" sagte Frau Hinkel. „So weich habe ich selbst nicht gelegen, als du noch Fasanenminister in Gelnhausen warst; und die himmlischen Wohlgerüche umher! Aber ach, was ist das? Der Trauring, der mir immer so lose an dem Finger hing, daß ich ihn oft nachts im Bettstroh verloren, sitzt mir jetzt so fest, daß ich ihn kaum drehen kann, ich bin gar nicht mehr mager." Diese letzten Worte erinnerten den Gockel an den Ring Salomonis; er dachte: „Ach, das mag alles von meinem gestrigen Wunsch herkommen." Da hörte er auf einem[12] Rosse im Stalle stampfen und wiehern, hörte eine Tür gehn, und es fuhr ein Licht durch die Stube an der Decke weg, als wenn jemand mit einer Laterne nachts über den Hof geht. Er und Hinkel sprangen auf, aber sie fielen ziemlich hart auf die Nase, denn jetzt merkten sie, daß sie nicht mehr auf der ebenen Erde, sondern auf hohen Polsterbetten geschlafen hatten, und der Schein, der durch die Stube gezogen war, hatte nicht die rauhe Wand ihres Hühnerstalls, an der Stroh und eine alte Hühnerleiter lag, sondern prächtige gemalte und vergoldete Wände, seidene Vorhänge und aufgestellte Silber- und Goldgefäße beleuchtet. Sie rafften sich auf von einem spiegelglatten Boden, sie stürzten sich in die Arme und weinten vor Freude wie die Kinder. Sie hatten sich so lieb, als

12. Auf einmal.

hätten sie sich zum 'erstenmal gesehen. Nun bemerkten sie den Schein wieder und sahen, daß er durch ein hohes Fenster hereinfiel. Mit verschlungenen Armen liefen sie nach dem Fenster und sahen, daß es von der Laterne eines Kutschers mit einer reichen Livree herkam, der in einem großen, geräumigen Hof stand, Haber siebte und ein Liedchen pfiff. Im Schein der Laterne, der an das Fenster fiel, sah Gockel Hinkel an und Hinkel Gockel, und beide lachten und weinten und fielen sich um den Hals und riefen aus: „Ach Gockel, ach Hinkel, wie jung und schön bist du geworden!"

Da sprach Gockel: „Alektryo hat die Wahrheit gesprochen; der Ring Salomonis hat Probe gehalten, alle meine Wünsche, bei welchen ich ihn drehte, sind in Erfüllung gegangen", und da erzählte er der Frau Hinkel alles von dem Ring und zeigte ihr ihn, und ihre Freude war unaussprechlich. Nun liefen sie an ein anderes Fenster und sahen in einen wunderschönen Garten; ein wunderlieblicher Blumenduft strömte ihnen entgegen, die herrlichsten Springbrunnen plätscherten im Mondschein, und die Nachtigallen sangen ganz unvergleichlich dazu.

Nun liefen sie an ein drittes Fenster. „O je, welche Freude!" rief Frau Hinkel aus. „Wir sind in Gelnhausen, da oben liegt das Schloß des Königs, und da drüben, oh! zum Entzücken! da sehe ich in einer Reihe alle die Bäcker- und Fleischerladen; es ist noch ganz stille in der Stadt, horch, der Nachtwächter ruft in einer entfernten Straße, drei Uhr ist es. Ach, was wird er sich wundern, wenn er hierher auf den Markt kömmt und auf einmal unsern gräflichen Palast sieht! Und der König, was wird der König die Augen aufreißen und alle die Hofherrn und Hofdamen, die uns so spöttisch nachsahen, da wir ins Elend gingen, was werden sie gedemütigt sein durch unsern Glanz! O Gockel, lieber Gockel, was bist du für ein allerliebster, bester Mann mit deinem Ringe Salomonis!" und da fielen sie sich wieder um den Hals.

Der Tag brach aber an, und sie sahen verwundert den Glanz ihres prächtigen Schlafgemachs und ihrer schönen, atlassenen, himmelblauen Schlafröcke und ihrer goldenen Nachtmützen. Nun erinnerten sie sich in ihrer Freude erst an Gackeleia, ihr liebes Töchterlein, und eilten nach einem wunderschönen Bettchen, rissen die rotsamtnen, goldgestickten Vorhänge hinweg: da lag Gackeleia, schön wie ein Engel, ach, viel schöner, als sie je gewesen. Gockel und Hinkel erweckten sie mit Küssen und Tränen: „Wach, wach auf, Gackeleia! Ach, alle Freude ist um uns her! Ach, Gackeleia, sieh alle die schönen Sachen an!" Da schlug Gackeleia die blauen Augen auf und glaubte, sie träume das alles nur, und da sie Vater und Mutter, welche beide so jung und schön geworden waren, gar nicht wiedererkannte, fing sie an zu weinen und verlangte nach ihren Eltern. Ja, alle die schönen Sachen konnten sie nicht zufriedenstellen; sie sagte immer: „Oh, was soll ich mit alle der Herrlichkeit, ich will zu meiner lieben Mutter, Frau Hinkel, zu meinem guten Vater Gockel zurück!" Die Mutter und der Vater konnten sie auf keine Weise bereden, daß sie es selbst seien. Endlich sagte Gockel zu ihr: „Wer bist du denn?" „Gackeleia bin ich", erwiderte das Kind. „So", sagte Gockel, „du bist Gackeleia? Aber Gackeleia hatte ja gestern ein Röckchen von grauer, grober Leinwand an; wie kömmt dann Gackeleia in das schöne buntgeblümte, seidne Schlafröckchen?" „Ach, das weiß ich nicht", antwortete Gackeleia, „aber ich bin doch ganz gewiß Gackeleia, ach, ich weiß es gewiß, die Augen schmerzen mich noch so sehr, ich habe gestern gar viel geweint; ich habe großes Unglück angestellt, ich habe die Katze ans Nest der Gallina geführt, ich bin schuld, daß sie gefressen worden, ich habe dadurch den guten Alektryo in den Tod gebracht, ach, ich bin gewiß die böse Gackeleia!" Dabei weinte sie und fuhr fort: „Oh, du bist Gockel nicht, der Vater Gockel hat ganz schneeweiße Haare und einen weißen Bart und ist bleich im Gesicht und hat eine spitze Nase; du Schwarzer mit den roten Wangen bist Gockel nicht, du bist auch die Mutter Hinkel nicht, du bist ja so geschmeidig und schlank wie ein Reh; die Mutter Hinkel ist ganz breit. Ich will fort ins alte Schloß! ihr habt mich gestohlen!" Und da weinte das Kind wieder heftig. Gockel wußte sich nicht anders zu helfen, als daß er dem Kinde sagte: „Schau mich einmal recht an, ob ich dein Vater Gockel nicht bin!" Da guckte Gackeleia ihn scharf an, und er drehte den Ring Salomonis ganz sachte am Finger und sprach leise:

> „Salomon, du großer König,
> Mache mich doch gleich ein wenig
> Dem ganz alten Gockel ähnlich,
> Mach mich wieder wie gewöhnlich!"

Und wie er am Ringe drehte, ward er immer älter und grauer, und das Kind sagte immer: „Ach Herr, ja, ja, fast wie der Vater!" Und als er ganz fertig mit dem Drehen war, sprang das Kind aus dem Bett und flog ihm um den Hals und schrie: „Ach ja, du bist's, du bist's, liebes, gutes, altes Väterchen! Aber die Mutter ist es mein Lebtag nicht!" Da begann Gockel auch für Frau Hinkel den Ring zu drehen, daß sie wieder ganz alt ward. Aber der machte das gar keine Freude, und sie sagte immer:

„Halt ein, Gockel, nein, das ist doch ganz abscheulich, einen so herunterzubringen; nein, das ist zu arg, so habe ich mein Lebtag nicht ausgesehen, du machst mich viel älter, als ich war!" Und nun begann sie zu weinen und zu zanken und wollte dem Gockel mit Gewalt nach der Hand greifen und ihm den Ring wieder zurückdrehen, aber Gackeleia sprang ihr in die Arme und küßte und herzte sie und rief ein Mal über das andre aus: „Ach Mutter, liebe Mutter, du bist's, du bist's, ganz gewiß!" Da sagte Frau Hinkel: „Nun, meinethalben!" und küßte das Kind Gackeleia von ganzem Herzen. Gockel aber sprach: „Ei, ei, Frau Hinkel, ich hätte mein Lebtag nicht gedacht, daß du so eitel wärst; es ist gut, nun habe ich ein Mittel, dich zu strafen. Sieh, wenn du nun nicht fein ordentlich und fleißig bist oder brummst oder bist neugierig, da drehe ich gleich den Ring um und mache dich hundert Jahre alt." Da sagte Frau Hinkel: „Tue, was du willst, ich habe es nicht gern getan, es hat mich nur so überrascht." Da umarmte sie Gockel und drehte den Ring wieder, und sie wurden beide wieder jung und schön. So erfuhr auch Gackeleia das Geheimnis mit dem Ringe, und Gockel schärfte ihr und der Frau Hinkel ein, ja niemals von dem Ringe zu sprechen, sonst würde er ihnen gestohlen werden, und dann würden sie um all ihr jetziges Glück kommen und wieder in das Elend nach dem alten Schlosse ziehen müssen. „Jetzt aber", fuhr Gockel fort, „wollen wir vor allem Gott herzlich danken für unsern neuen Zustand, denn ihm gebührt allein die Ehre." Da knieten sie in die Mitte der Stube und dankten Gott von ganzem Herzen.

Aber unterdessen war der Nachtwächter auf den Markt gekommen und hatte das herrliche Schloß Gockels, das wie ein Pilz in der Nacht hervorge-

wachsen, kaum erblickt, als er ein entsetzliches Geschrei anfing:

> „Hört, ihr Herrn, was will ich euch sagen,
> Die Glocke hat vier Uhr geschlagen,
> Aber das ist noch gar nicht viel
> Gegen ein Schloß, das vom Himmel fiel.
> Da steht's vor mir ganz lang und breit,
> Ich weiß nicht, ob ich recht gescheit;
> Ich schau es an, es kömmt mir vor
> Wie der alten Kuh das neue Tor.
> Wacht auf, ihr Herrn, und werdet munter,
> Schaut an das Wunder über Wunder
> Und bewahrt das Feuer und das Licht,
> Daß dieser Stadt kein Unglück geschicht,
> Und lobet Gott den Herrn!"

Da wachten die Bürger rings am Markte auf, die
Bäcker und die Fleischer rieben sich die Augen und
rissen die Mäuler sperrangelweit auf und staunten
das Schloß an und machten ein entsetzliches Geschrei vor Verwunderung. Gockel und Hinkel und
Gackeleia standen am Fenster und guckten hinter
dem Vorhang alles an. Endlich schrie ein dicker
Fleischer: „Da ist da, das Schloß kann keiner weg-
disputieren, aber ob Leute drin sind, die Fleisch
essen, das möcht ich wissen!" „Ja, und Brot und
Semmeln und Eierwecke", fuhr ein staubiger, un-
tersetzter Bäckermeister fort. Da ging aber auf
einmal die Schloßtüre auf, und es trat ein großer,
bärtiger Türsteher heraus mit einem großen Kra-
gen, wie ein Wagenrad, und einem breiten, silber-
bordierten Bandelier über die Brust und weiten,
gepufften Hosen und einem Federhut, wie ein alter
Schweizer gekleidet; er trug einen langen Stock,
woran ein silberner Knopf war, wie ein Kürbis so

groß, und auf diesem ein großer silberner Hahn mit ausgebreiteten Flügeln. Die versammelten Leute fuhren alle auseinander, als er mit ernster, drohender Miene ganz breitbeinig auf sie zuschritt; sie meinten, er sei ein Gespenst. Auch Gockel und Hinkel oben am Fenster waren sehr über ihn verwundert und öffneten das Fenster ein wenig, um zu hören, was er sagte. Er sprach aber:

„Hört einmal, ihr lieben Bürger von Gelnhausen, es ist sehr unartig, daß ihr hier bei Anbruch des Tages einen so abscheulichen Lärm vor dem Schlosse Ihrer Hoheit des hochgebornen Raugrafen Gockel von Hanau, Hennegau und Henneberg, Erbherrn auf Hühnerbein und Katzenellenbogen macht! Ihre hochgräfliche Gnaden werden es sehr ungern vernehmen, so ihr Sie also frühe in der Ruhe stört, und wünsche ich, das nicht wieder zu erfahren; das laßt euch gesagt sein." „Mit Gunst", sagte da der Fleischer und zog seine Mütze höflich ab, „wenn's erlaubt ist, zu fragen, wird dies Schloß, das über Nacht wie ein Pilz aus der Erde gewachsen ist, von dem ehemaligen hiesigen Fasanenminister bewohnt?" „Allerdings", erwiderte der Schweizer, „es ist bewohnt von ihm und seiner gräflichen Gemahlin Hinkel und Hochdero Töchterlein Gackeleia, außerdem zwei Kammerdienern, zwei Kammerfrauen, vier Bedienten, vier Stubenmädchen, zwei Jägern, zwei Läufern, zwei Heiducken, zwei Kammerhusaren, zwei Kammermohren, zwei Kammerriesen, zwei Kammerzwergen, zwei Türstehern, wovon ich einer zu sein mir schmeicheln kann, zwei Leibkutschern, sechs Stallknechten, zwei Köchen, sechs Küchenjungen, zwei Gärtnern, sechs Gärtnerburschen, einem Haushofmeister, einer Haushofmeisterin, einem Kapaunenstopfer, einem Hühnerhofmeister, einem Fasanenmeister und noch aller anderem Gesinde, welche alle zusammen täglich hundert Pfund Rindfleisch, hundert Pfund Kalbfleisch, fünfzig Pfund Hammelfleisch, fünfzig Pfund Schweinefleisch, sechzig Würste und dergleichen essen." „Ach!" schrie da der Metzger und kniete beinah vor dem Schweizer nieder, „ich rekommandiere mich bestens als hochgräflicher Hofmetzger." Und der Bäcker zupfte den Schweizer am Ärmel mit den Worten: „Ihre hochgräflichen Gnaden und die hochgräfliche Dienerschaft werden doch das viele Fleisch nicht so ohne Brot in den Magen hineinfressen; das könnte ihnen unmöglich gesund sein." „Ei behüte!" sagte der Schweizer, „sie brauchen täglich dreißig große Weißbrote, hundertfünfzig Semmeln, hundert Eierwecke, hundert Bubenschenkel und zweihundertsechsundneunzig Zwiebacke zum Kaffee." „Oh, so empfehle ich mich bestens zum hochgräflichen Hausbäcker", rief der Bäckermeister. „Wir wollen sehen", sprach der Schweizer, „wer heute gleich das beste Fleisch und die besten Semmeln liefern wird." Da stürzten alle die Bäcker und Fleischer nach ihren Buden und hackten und kneteten und rollten und glasierten die Eierwecke und rissen die Laden auf und stellten alles heraus, daß es eine Pracht war. Aber dies ging nun auf allen Seiten von Gelnhausen so; alle Krämer und alle Krauthändler kamen, sahen, staunten und wurden berichtet und waren voll Freude, daß sie viel Geld verdienen sollten.

Gockel und Hinkel und Gackeleia aber liefen im Schloß herum und sahen alles an; alle die Dienerschaft setzte sich in Bewegung, man kleidete sich an, man wurde frisiert, man putzte Stiefel und Schuh, man klopfte Kleider aus, tränkte die Pferde, fütterte Hühner, frühstückte; es war ein Leben und Weben wie in dem größten Schloß. Die Bürgerschaft, um ihre Freude zu bezeigen, kam mit fliegenden Fahnen gezogen, jede Zunft mit ihrem Schutzheiligen und schöner Musik; sie standen alle vor dem Schloß, feuerten ihre rostigen Flinten in die Luft und schrien: „Vivat der Graf Gockel von Hanau! Vivat die Gräfin Hinkel und die Komtesse Gackeleia! Vivat hoch! und abermals hoch!" Gockel und Hinkel und Gackeleia standen auf dem Balkon am Fenster und warfen Geld unter das Volk, und der Kellermeister wälzte ein Stückfaß Wein aus dem Keller und schenkte jedem ein, der trinken wollte.

Der König von Gelnhausen wohnte damals nicht in der Stadt, sondern eine Meile davon in seinem schönen Lustschloß Kastellovo, auf deutsch Eierburg, denn das ganze Schloß war von lauter ausgeblasenen Eierschalen errichtet, und in die Wände waren bunte Sterne von Ostereiern hineingemauert. Dieses Schloß war des Königs Lieblingsaufenthalt, denn der ganze Bau war seine Erfindung, und alle diese Eierschalen waren bei seiner eignen Haushaltung ausgeleert worden. Das Dach der Eierburg aber ward in Gestalt einer brütenden Henne wirklich von lauter Hühnerfedern zusammengesetzt, und inwendig waren alle Wände eiergelb ausgeschlagen. Grade der Bau dieses Schlosses war schuld gewesen, daß Gockel einstens aus den Diensten des Königs gegangen war, weil er sich der entsetzlichen Hühner- und Eierverschwendung widersetzte und dadurch den König erbittert hatte. Täglich kam nun der königliche Küchenmeister mit einem Küchenwagen nach Gelnhausen gefahren, um die nötigen Vorräte für den Hofstaat einzukaufen. Wie erstaunte er, als er die ganze Stadt in einem allgemeinen Bürgerfest vor einem nie gesehenen Palast erblickte und den Namen Gockels an allen Ecken

ausrufen hörte! Aber sein Erstaunen war bald in
einen großen Ärger verwandelt, denn wo er zu
einem Bäcker oder Fleischer oder Krämer mit seinem Küchenwagen hinfuhr, um einzukaufen, hieß
es überall: „Alles ist schon für Seine hochgräfliche
Gnaden Gockels von Hanau gekauft." Da nun der
königliche Küchenmeister endlich sich mit Gewalt
der nötigen Lebensmittel bemächtigen wollte, wi-
dersetzten sich die Bürger, und es entstand ein Getümmel. Gockel, der die Ursache davon erfuhr, ließ
sogleich dem Küchenmeister sagen, er möge ohne
Sorge sein, denn er wolle Seine Majestät den König
und seine ganze Familie und seine ganze Dienerschaft alleruntertänigst heute auf einen Löffel
Suppe zu sich einladen lassen, und er, der Küchenmeister, möchte nur mit seinem Küchenwagen vor
seine Schloßspeisekammer heranfahren, um ein kleines Frühstück für den König mitzunehmen. Der
Küchenmeister fuhr nun hinüber, und Gockel ließ
ihm den ganzen Küchenwagen mit Kiebitzeneiern
anfüllen und setzte seine zwei Kammermohren
obendrauf, welche den König unterrichten sollten,
wie man die Kiebitzeneier mit Anstand esse, denn
der König hatte sein Lebtage noch keine gegessen.
  Mit höchster Verwunderung hörte König Eifraßius die Geschichte von dem Schloß und dem Gokkel von dem Küchenmeister erzählen und ließ sich
sogleich einhundert von den Kiebitzeneiern hart sie-
den. Als nun die zwei schwarzen Kammermohren
in ihren goldbordierten Röcken mit der silbernen
Schüssel voll Salz, in welches die Eier festgestellt
waren, hereintraten und mit ihrer schwarzen Farbe
so schön gegen den weißen Eierpalast abstachen,
hatte König Eifraßius große Freude daran. Er ließ
seine Gemahlin Eilegia und seinen Kronprinzen
Kronovus berufen zum Frühstück und erzählte

ihnen das große Wunder vom Palast und Gockel. „Ach", sagte Kronovus, „da ist wohl die kleine Gackeleia, mit welcher ich sonst spielte, auch wieder dabei?" „Natürlich", sprach Eifraßius, „und wir wollen gleich nach diesem Frühstück hineinfahren und uns den ganzen Spektakel ansehen. Aber seht nur die kuriosen Eier, die er uns zum Frühstück sendet! Grün sind sie mit schwarzen Punkten, man nennt sie Kibitkeneier; sie kommen weit aus Rußland und werden so genannt, weil sie in Kibitken[13], einer Art von Hühnerstall auf vier Rädern, gefunden oder gelegt oder hierher gefahren werden."

Da sprach der eine Kammermohr: „Ich bitte Euer Majestät um Vergebung, man nennt sie Kiebitzeneier, sie werden vom Kiebitz, einem Vogel gelegt, der ungefähr so groß wie eine Taube und grau wie eine Schnepfe ist und wie eine französische Schildwache beim Eierlegen immer „qui vît[14]" schreit; wenn man dann „Gut Freund!" antwortet, so kann man hingehen und ihm die Eier nehmen, worauf er gleich wieder andre legt."

Den König Eierfraß ärgerte es, daß der Mohr ihn in Eierkenntnissen belehren wollte, und sagte zu ihm: „Halt Er sein Maul! Er versteht nichts davon, sei Er nicht so naseweis!" Darüber erschrak der Mohr wirklich so sehr, daß er ganz weiß um den Schnabel wurde. Der andre Mohr sprach nun: „Der Raugraf Gockel hat uns befohlen, Euer Majestät zu zeigen, wie diese Eier jetzt nach der neusten Mode gegessen zu werden pflegen." „Ich bin begierig", sagte der König, „es zu sehen." Da nahm jeder der Kammermohren eins von den Eiern in die

13. Kibitka, ein bedeckter russischer Wagen.
14. Gemeint ist das „Qui vive!" („Wer da!").

flache linke Hand, und so traten sie sich mit auf-
gehobener Rechte einander gegenüber und baten
den König, eins, zwei, drei zu kommandieren. Das
tat Eifraßius, und wie er drei sagte, schlug der eine
Mohr dem andern so auf das Ei, daß der gelbe Dot-
ter gar artig auf die schwarze Hand herausfuhr.
Dem König gefiel dieses über die Maßen, und sie
mußten es ihm bei allen hundert Eiern machen,
wofür er ihnen beim Abschied beiden den Orden
des Roten Ostereis dritter Klasse zur Belohnung
um den Hals hängte.

Nun fuhr der König und seine Gemahlin und
der Kronprinz sogleich in Gefolge des ganzen Hof-
staats nach Gelnhausen zu Gockel, der ihm mit
Hinkel und Gackeleia an der Schloßtüre entgegentrat. Die Verwunderung über den Reichtum und die
jugendliche Schönheit Gockels konnte nur durch die
außerordentliche Mahlzeit noch übertroffen werden. Alles war in vollem Jubel; Kronovus und
Gackeleia saßen an einem aparten Tischchen und
wurden von den zwei Kammerzwergen bedient,
und Musik war an allen Ecken. Beim Nachtisch
tranken Eifraßius und Gockel Brüderschaft und Eilegia und Hinkel Schwesterschaft, und Kronovus
und Gackeleia sagten zueinander: „Du bist mein
König, und du bist meine Königin." Eifraßius zog
dann den Gockel in ein Fenster und hing ihm das
Großei des Ordens des Goldnen Ostereis mit zwei
Dottern um den Hals und borgte hundert Gulden
von ihm. Worauf das Ganze mit einem großen
Volksfeste beschlossen wurde.

So lebten Gockel und die Seinigen beinah ein
Jahr in einer ganz ungemein irdischen Glückselig-
keit zu Gelnhausen, und der König war so gut
Freund mit ihm und seiner vortrefflichen Küche
und seinem unerschöpflichen Geldbeutel, und alle

Einwohner des Landes hatten ihn seiner großen Freigebigkeit wegen so lieb, daß man eigentlich gar nicht mehr unterscheiden konnte, wer der König von Gelnhausen war, Gockel oder Eifraßius. Auch wurde es unter beiden fest beschlossen, daß einstens Gackeleia die Gemahlin des Erbprinzen Kronovus werden und an seiner Seite den Thron von Gelnhausen besteigen sollte. Aber der Mensch denkt und Gott lenkt, und so kamen auch über diese guten Leute noch manche Schicksale, an die sie gar nicht gedacht hatten.

Alles hatte die kleine Gackeleia in vollem Überfluß, nur keine Puppe; denn Gockel hielt streng auf dem Verbot, das er über sie bei dem Tode des Alektryo hatte ergehen lassen, sie sollte zur Strafe niemals eine Puppe haben. Wenn sie nun um Weihnachten oder am St. Niklastag alle Mägdlein in Gelnhausen mit schönen neuen Puppen herumziehen sah, war sie gar betrübt und weinte oft im stillen, eine solche Sehnsucht hatte sie nach einer Puppe. Merkte der alte Gockel aber, daß Gackeleia, die er über alles liebte, so traurig war, so tat er ihr alles zuliebe, um sie zu trösten, zeigte ihr die schönsten Bilderbücher, erzählte ihr die wunderbarsten Märchen, ja, gab ihr wohl auch manchmal den köstlichen Ring des Salomonis in die Hände, der mit seinem funkelnden Smaragd und den wunderbaren Zügen, die darauf eingeschnitten waren, alle Augen erquickte, die ihn anschauten.

Einstens ging nun Gackeleia einmal in ihrem kleinen Gärtchen spazieren. Da waren die zierlichsten Beete voll schöner Blumen, alle mit Buchsbaum und Salbei eingefaßt, und die Wege waren mit glitzerndem Goldsand bestreut; in der Mitte war ein Springbrünnchen, worin Goldfische schwammen, und über demselben ein goldner Käficht voll der buntesten singenden Vögel; hinter dem Brunnen aber war eine kleine Laube von Rosen und eine kleine Rasenbank. Ein schönes goldnes Gitter umgab das ganze liebe Gärtchen. „Ach", dachte Gakkeleia, „wie glückselig wäre ich, wenn ich eine Puppe in meinem schönen Garten spazierenführen könnte! So allein gefällt er mir gar nicht; was hilft es mir auch, wenn ich mir aus meinem Taschentuche durch allerlei Knoten eine Puppe zusammensetze? So ist doch nie eine schöne Gliederpuppe, ganz wie ein Mensch mit einem schönen lackierten Gesicht, und der Vater hat mir selbst diese Puppen verboten."

Während Gackeleia so in schweren Puppensorgen auf ihrer Rasenbank saß, hörte sie auf einmal eine angenehme, summende, aber sehr leise Musik ganz nahe hinter ihr vor dem Garten, der an einem Feldweg lag. Da guckte sie durch die Blätter und sah etwas gar Kurioses. Dicht vor dem Gitter saß ein Mann in einem schwarzen Mantel ohne Kopf an der Erde zusammengehuckt, und unter dem Mantel hervor schnurrte die Musik. Gackeleia legte sich ganz dicht an die Erde, um zu sehen, wo nur in aller Welt die feine Musik herkomme, und wie war sie erstaunt, als sie da unten ein Paar allerliebste Puppenbeinchen in himmelblauen, mit Silber gestickten Pantoffelchen ganz im Takte der Musik herumschnurren sah! Sie wußte gar nicht, was sie vor Neugierde, die Puppe ganz zu sehen, anfangen sollte. Oft war sie im Begriff, die Hand durchs Gitter zu stecken und den schwarzen Mantel ein wenig aufzuheben, aber die Furcht, weil sie an dieser Gestalt keinen Kopf sah, hielt sie immer wieder zurück. Endlich brach sie sich eine lange Weidenrute ab, steckte sie durch das Gitter und lüftete den Mantel ein wenig. Da schnurrte eine wunderschöne Puppe in den artigsten Kleidern, wie eine Gärtnerin geputzt, unter dem Mantel hervor und rannte grade auf das Gitter des Gartens zu, stieß einigemale an die goldnen Gitterstäbe und würde gewiß zu ihr hineingekommen sein, wenn nicht eine hagere Hand aus dem Mantel sich nach ihr hingestreckt und sie wieder in die Verborgenheit zurückgezogen hätte, wo die kleine Puppe von einer rauhen Stimme sehr ausgeschimpft wurde, daß sie sich unterstanden habe, unter dem Mantel hervorzulaufen.

Gackeleia konnte sich nicht mehr länger zurückhalten und rief ein Mal über das andre Mal: „Ach, du schwarzer Mantel, schimpfe doch die liebe, schöne Puppe nicht so, ach, lasse sie doch ein wenig heraus, zu mir in den Garten!" Da tat sich auf einmal der Mantel auf, und ein alter Mann mit einem langen weißen Bart richtete sich vor Gackeleia auf und sprach: „Ich bitte dich sehr um Verzeihung, daß ich meine Puppe hier ein wenig unter meinem Mantel tanzen ließ und auf der Maultrommel dazu spielte; ich habe nicht gewußt, daß mir jemand zusah. Ich wollte nur versuchen, ob sie mir auf der Reise nicht verdorben sei, denn ich will sie hier in Gelnhausen vor Geld auf dem Rathause tanzen lassen. Sieh nur, sieh ist jetzt ganz artig, jetzt ist sie wie eine Gärtnerin gekleidet und hat einen Harken in der einen Hand und eine Gießkanne in der andern, aber ich habe noch viele andre Kleider für sie. Sieh nur, mein Kind, hier ist ein Schäferkleid und Hut und Stab und ein Lämmchen, und hier ein Jagdröckchen und ein Spieß und ein Hündchen und noch gar viele Kleider, daß ich sie ankleiden kann, wie ich will." Bei diesen Worten zog der Alte allerlei bunte Puppenkleider aus allen Taschen hervor und reichte sie der kleinen Gackeleia durch das

Gitter, welche sie mit großer Freude betrachtete. Die kleine Puppe aber guckte dem alten Manne aus dem Ärmel hervor und wackelte immer mit dem Kopf.

„Ach", sagte Gackeleia, „wie allerliebst sind die Kleider! Lieber alter Mann, leih mir doch die Puppe nur einen Augenblick, daß ich sie nur einmal recht betrachte!" Der Alte aber sagte: „Kind, das kann ich nicht; gib mir die Kleider wieder, ich muß machen, daß ich in meine Herberge komme. Willst du mir aber einen Gefallen tun, so sollst du die Puppe und alle die Kleider von mir zum Geschenke erhalten." „Ach, ich darf keine Puppe haben", sagte Gackeleia, „und hätte diese doch so gern!" Da erwiderte der Alte: „Diese darfst du haben", denn es ist keine Puppe, sondern eine Kunstfigur mit einem Uhrwerk im Leibe, und wenn ich das aufziehe, läuft sie wie ein lebendiger Mensch eine halbe Stunde allein herum. Schau nur her!" Da zog er die Puppe aus dem Ärmel, nahm einen Uhrschlüssel und steckte ihr denselben in eine Öffnung an der Brust und drehte knirr, knirr, knirr, wie man eine Taschenuhr aufzieht, setzte dann die kleine Gärtnerin an die Erde, und sie lief, mit dem Kopfe nikkend, immer vor dem Gitter des Gartens herum. „Ach, sie winkt mir", rief Gackeleia und patschte in die kleinen Hände, „sie möchte gern zu mir in den Garten. Ach, sage mir doch, alter Mann, was soll ich dir zu Gefallen tun, daß du mir die kleine Puppe gibst?" „Es ist nur eine Kleinigkeit", erwiderte der Alte. „Sieh, mein liebes Kind, ich bin ein sehr betrübter alter Mann und habe keinen Vater und keine Mutter, keinen Sohn, keine Tochter, keinen Bruder, keine Schwester, keinen Hof und kein Haus, keine Katze und keine Maus, ich habe auf der Welt nichts als diese Puppe, aber ich

bin so betrübt, daß sie mich nicht trösten kann; du
aber kannst mich trösten, daß ich so lustig werde
wie ein Lämmerschwänzchen." Bei diesen Worten
weinte und wimmerte der alte Mann dermaßen,
daß Gackeleia sprach: „Ach, weine nur nicht, ich
will dir ja alles tun, was dich trösten kann, wenn
du mir die Puppe gibst; sage nur um Gottes willen,
was dich trösten kann!" Da erwiderte der Alte:

> „Dein Vater hat ein Ringelein
> Mit einem grünen Edelstein,
> Der hat gar einen schönen Schein.
> Laß mich nur einmal sehn hinein,
> So werd ich gleich durch Mark und Bein
> Froh wie ein Lämmerschwänzchen sein.
> Und dann laß ich mein Püppchen fein
> Zu dir ins Gärtchen gleich hinein;
> Es bleibt mit allen Kleidern sein
> Dann, Gackeleia, dein allein."

„Ei", sagte Gackeleia, „den Ring kenne ich wohl,
er hat auch mich manchmal fröhlich gemacht, wenn
ich ihn ansehen durfte; warte nur bis heute nach
Tisch, da will ich dir den Ring hieherbringen, wenn
der Vater schläft. Aber daß du ja wieder hieher-
kömmst, wenn ich mit dem Ringe in den Garten
komme!" „Ganz gewiß!" sagte der Alte, „ich will
dir die Kleider der Puppe gleich hier lassen; du
kannst sie alle hübsch glattstreichen, ich habe sie in
der Tasche ein wenig zerdrückt." Da gab er ihr die
Kleider, ließ die Puppe nochmals vor ihr tanzen
und verließ dann mit derselben die kleine Gackeleia, die ihm immer nachrief: „Aber daß du nur
auch ganz gewiß kömmst, der Ring soll dich recht
anlachen!" „Ja, ja, ganz gewiß!" rief der Alte und
verschwand hinter den Hecken. Gackeleia aber

setzte sich in ihre Laube, musterte und ordnete alle Kleider der Puppe und dachte schon, wie die kleine Gärtnerin bei ihr zwischen den Blumenbeeten herumlaufen würde, und konnte sich zum voraus vor Freude gar nicht lassen.

Als nach Tisch der Vater Gockel in seinem Stuhle schlief, saß Gackeleia zu seinen Füßen und hatte seine Hand in der ihrigen und sah in den grünen Stein des Rings, und als sie den Ring berührte und vor sich sagte: „Ach, wenn der Vater nur nicht aufwachte und gar nichts merkte, ach, wenn ich den Ring nur leise von seinem Finger herunter hätte!" da tat der Ring, welcher alle Wünsche desjenigen erfüllte, der ihn berührte, seine Wirkung. Gockel schlief fest und schnarchte, und der Ring fiel in das Händchen der Gackeleia, welche geschwind wie der Wind nach ihrem Gärtchen lief, wo der alte Mann vor Begierde nach dem Ring sein mageres Gesicht mit dem Barte schon wie ein alter Ziegenbock über das Gegitter herüberstreckte. Gakkeleia rief ihm entgegen: „Die Puppe her, die Puppe her, hier ist der Ring! Aber gucke geschwind hinein, ich muß gleich wieder mit dem Ring ins Schloß, ehe der Vater aufwacht." Da gab ihr der Alte die Puppe und lehrte sie, wie sie das Uhrwerk aufziehen mußte. Sie gab den Ring hin und tanzte mit Entzücken vor der Puppe her, die überall nachschnurrte, und patschte in die kleinen Hände. Der Alte aber patschte nach in die Hände, und als sie das hörte, fragte sie ihn, ob er schon von dem Anschauen des Ringes getröstet sei. „Ja", erwiderte er fröhlich und gab ihr den Ring wieder und wünschte ihr mit einem häßlichen Gelächter viel Freude mit der Puppe und ging seiner Wege. Nun eilte Gackeleia mit dem Ringe zu Gockel zurück, der noch schlief, und steckte ihm den Ring wieder an den

Finger. Ihre Puppe hatte sie mit den Kleidern in ihrer Laube ins Gebüsch versteckt.

Da Gockel aufwachte, erhielt er eine Einladung von dem König, ihn mit den Seinigen auf der Eierburg zu besuchen. Da lief Gackeleia geschwind nach dem Garten und steckte ihre Puppe und die Kleider zu sich und dachte dem Prinzen Kronovus, wenn sie allein beieinander sein würden, eine große Freude damit zu machen. Hierauf stieg sie mit ihren Eltern auf einen prächtigen Wagen, mit sechs Pferden bespannt, und sie fuhren auf die Eierburg, wo viele Menschen versammelt waren auf einer grünen Wiese, wo getanzt und gespielt wurde um Eier; denn es war Ostern und das große Ordensfest des Ostereierordens. Man lief und sprang um die Wette nach aufgestellten Eiern, man warf mit Eiern nach Eiern, man stieß mit Eiern gegen Eier, und wessen Ei eingeknickt wurde, der hatte verloren. Die Kinder von ganz Gelnhausen suchten Eier, welche der große Königliche Geheime Ober-Hofosterhas in versteckten Winkeln ins hohe Gras gelegt hatte; kurz, die Freude war allgemein. Und soeben reihte sich das Volk in einen großen Kreis, die königlichen Hofmusikanten und die Gelnhausner Stadtpfeifer bliesen einen herrlichen Tanz, nämlich den Eiertanz, welchen die königliche Familie mit der raugräflichen in höchsteigner Person tanzen wollte. Ein köstlicher Teppich ward ausgebreitet und auf demselben hundert vergoldete Pfaueneier in zehn Reihen gelegt. Nun trat die Königin Eilegia zu Gockel und verband ihm die Augen mit einem seidnen Tuch, und er tat ihr ebendasselbe; ebenso verbanden sich der König Eifraßius und Frau Hinkel und der Prinz Kronovus und Gackeleia die Augen und wurden nun von den Hofmarschällen auf den Eierteppich geführt, auf welchem sie mit den zierlichsten Schritten und Sprüngen und Wendungen zwischen den Eiern herumtanzen mußten, ohne auch nur eins mit den Füßen zu berühren. Die Zuschauer sahen mit gespannter Aufmerksamkeit ganz stille zu und bewunderten die Geschicklichkeit der hohen Herrschaften. Aber nicht weit davon in einem Gebüsche saßen ein paar alte Männer, die hatten keine Freude an dem Tanz und guckten alle Augenblicke nach dem Fußsteige aus der Stadt, ob ihr Geselle, der dritte alte Mann, nicht bald komme, und ehe sie sich's versahen, stand er mitten unter ihnen.

„Hast du? Hast du?" schrien sie dem Neuangekommenen mit weit vorgestreckten Hälsen entgegen und machten Finger, so spitz wie Krallen, gegen seine festgeschloßne Faust, und er erwiderte: „Ja, ich habe glücklich den Ring durch Gackeleias Spielsucht ertappt; ich habe ihr einen ganz ähnlichen mit einem falschen grünen Glasstein gegeben, welchen Gockel jetzt am Finger hat. Jetzt können wir uns an ihm rächen, daß er uns bei dem Hahnenkauf betrogen und uns in die Wolfsgrube hat fallen lassen, wo wir elend verhungert wären, wenn uns die Bauern nicht herausgezogen hätten."

So sprachen die drei Alten, welche niemand anders als die drei naturphilosophischen Petschierstecher waren, die Gockel hatten anführen wollen und die er angeführt hatte. Sie hatten sich nun doch mit ihrer List in den Besitz des Ringes gebracht und wollten jetzt gleich seine Wunderkraft versuchen. Sie faßten alle drei an den Ring und sprachen zu gleicher Zeit die Worte:

„Salomon, du weiser König,
  Dem die Geister untertänig,
  Mach den Gockel wieder alt,
  Zumpig, lumpig, mißgestalt;

Mach Frau Hinkel wieder häßlich,
Zänkisch, ränkisch, griesgram, gräßlich;
Mach die Gackeleia schmutzig,
Ruppig, struppig, zuppig, trutzig!
Nehme ihnen Gut und Geld,
Schloß und Roß und Hof und Feld,
Jag sie wieder Knall und Fall
In den alten Hühnerstall!
Aber uns drei Petschaftstechern
Bau ein Schloß mit goldnen Dächern,
Mache uns zu Hofagenten,
Hoffaktoren, Konsulenten,
Rittern und Kommerzienräten,
Kommissaren und Propheten!
Gib uns Gold und Ehr' und Glanz,
Stell uns hoch in der Finanz,
Mach uns schön wie Davids Sohn,
Den scharmanten Absalon!
Mach uns glücklich ganz enorm,
Orden gib und Uniform!
Ringlein, Ringlein, dreh dich um!
Mach es schön, wir bitten drum."

Während sie so an dem Ring drehten, entstand
ein lautes Murren und Lachen und Schimpfen unter
dem versammelten Volk. „Ei, seht den alten Bett-
ler, die alte, schmutzige Bettlerin, das schmutzige,
freche Kind! Nein, das ist unverschämt! Jagt sie
fort, pratsch, pratsch, wie sie die Eier zertreten!"
Und bald ward das Geschrei und Getümmel so
allgemein, daß der König Eifraßius und die Königin Eilegia und der Prinz Kronovus ihre Binden
von den Augen rissen, und wie erstaunten sie nicht,
als sie den Raugrafen Gockel und die Frau Hinkel
und Fräulein Gackeleia, die vorher so schön und
jung und prächtig gekleidet gewesen waren, in

eine alte, häßliche, zerrissene Bettlerfamilie verwandelt sahen, welche alle Eier auf dem köstlichen Teppich zertreten hatten. Auf ihr unwilliges Geschrei rissen nun auch diese Armen die Binden von den Augen und fingen bitterlich an zu weinen und zu klagen über ihren verwandelten Zustand, denn sie erkannten sich kaum mehr. Gockel griff nach seinem Ring Salomonis und drehte und drehte, aber der falsche, verwechselte Ring vermochte nichts. Da sah er ihn an und erkannte, daß er ausgetauscht war, und schrie laut aus: „O weh mir! Ich bin verloren, ich bin um den Ring betrogen!"

Er wollte eben dem König zu Füßen fallen und ihm sein Unglück klagen, aber dieser stieß ihn von sich, und Eilegia wendete der Frau Hinkel den Rücken und sprach von Bettelgesind'. Der Prinz Kronovus allein war noch menschlich gegen Gackeleia; als sie ihm weinend die Hand reichte, gab er ihr einen Taler, den er in der Tasche hatte, und sein Taschentuch, sie solle sich das schmutzige Gesicht waschen, und bat sie, doch geschwind fortzulaufen, denn er sehe den Bettelvogt kommen. Er wolle ihr auch immer sein Taschengeld aufbewahren, und wenn sie sonnabends am Abend hinten an den Brunnen bei dem Eierschloß kommen wolle, werde sie bei dem Vergißmeinnicht immer ein Ei finden, auf dem „Vivat Gackeleia!" geschrieben sei, und darin solle immer sein Wochengeld für sie stecken. Gackeleia weinte bitterlich über seine Güte und wollte ihn eben herzlich umarmen, da riß der Bettelvogt sie von ihm los und trieb das Kind mit Vater und Mutter unbarmherzig über die Grenze. Der König und seine Familie begaben sich in das Schloß, der seltsamen Geschichte nachzudenken, und das Volk zog nach der Stadt zurück, um Gokkels Palast zu plündern; aber es war schon Nacht

geworden, und da sie auf dem Markte ankamen,
sang ihnen der Nachtwächter entgegen:

„Hört, ihr Herrn, und laßt euch sagen,
Die Glocke hat zehn Uhr geschlagen,
Aber das ist noch gar nicht viel
Gegen ein Schloß, das in Staub zerfiel.
Hier hat's gestanden lang und breit,
Ich weiß nicht, ob ich recht gescheit;
Der Markt ist leer als wie zuvor,
Die Kuh steht wieder vor dem alten Tor.
Schaut an, ihr Herrn, das große Wunder
Ging schnell, wie es entstanden, unter.
Bewahrt das Feuer und das Licht,
Daß nicht der Stadt solch Unglück geschicht,
Und lobet Gott den Herrn!"

Wirklich war auch das herrliche Schloß Gockels
und alle seine Gärten und alles, was drin war, mit
Mann und Maus verschwunden; auf dem Markt
plätscherte der alte Stadtbrunnen, als wenn er von
gar nichts wüßte. Die guten Bürger gingen nach
Haus, nachdem sie lange in die leere Luft geschaut
hatten, und überlegten, wo sie mit allen ihren Semmeln und Braten hin sollten, da der große Hofstaat Gockels nicht mehr bei ihnen einkaufen
würde.

Der arme Gockel, die arme Hinkel, die arme
Gackeleia zogen wieder, wie ehedem, durch den
wilden Wald nach dem alten Schloß, aber sie waren
viel trauriger und redeten kein Wort, ja, Frau Hinkel hatte gar die Schürze über den Kopf gehängt,
weil sie sich schämte, so häßlich geworden zu sein.
Als sie auf einer Höhe angekommen waren, wo
man Gelnhausen noch einmal sehen konnte, drehte
sich Gockel um und sprach: „Unseliger Ort, wo ich

um den köstlichen Ring Salomonis betrogen ward! Abscheulicher, undankbarer Eifraßius, wie schändlich hast du mich in meinem Unglück verstoßen und hast nicht dran gedacht, mir das Geld wiederzugeben, das du in glücklicher Zeit von mir geborgt!"

Frau Hinkel aber rief aus: „O Königin Eilegia, wie manches Backwerk habe ich dir zum Geschenk gemacht, wie viele Eierspeisen habe ich dich bereiten gelehrt, wieviel hundert Ostereier habe ich dir bunt gesotten! Die schönsten Muster zu Hauben und Kleidern habe ich dir mitgeteilt, und nun, da wir den Ring verloren und arm geworden, läßt du Undankbare mich zerlumpt und hungernd über die Grenze führen!"

Nun erhob auch Gackeleia ihre Stimme und sprach: „Ach, du kleines Prinzchen Kronovus, du bist doch der Beste von allen; du hast mir deinen Taler geschenkt und dein Taschentuch, daß ich mich abwischen soll; du willst mir dein Wochengeld alle Sonnabend an den Brunnen in ein Ei verstecken; ach, du bist doch mein guter Kronovus geblieben und hast die arme, schmutzige Gackeleia nicht von dir weggestoßen. Ach, es tut mir recht leid, daß ich in der Angst vergessen, dir meine herrliche Puppe zum Andenken zu schenken."

Kaum hatte Gackeleia das Wort Puppe ausgesprochen, als Gockel zornig nach ihr blickte und heftig sprach: „Du unseliges Kind! Du hast eine Puppe? Welche Puppe? Woher hast du die Puppe? Ach, ich ahnde die Ursache meines Verderbens!" Und da er hierauf die kleine Gackeleia ergreifen wollte, lief sie vor dem erzürnten Vater nach dem äußersten Rande eines Felsen hin, der über einen schroffen Abhang hinausragte. Frau Hinkel schrie: „Um Gottes willen, das Kind fällt sich zu Tode!"

und hielt Gockel beim Arme zurück. Gackeleia aber
kniete auf dem äußersten Rande des Felsens und
breitete ihre Ärmchen gegen den Vater aus und
sprach:

> „Vater Gockel, ach, verzeih!
> Mutter Hinkel, steh mir bei!
> Oder Gackeleia klein
> Springt und bricht sich Hals und Bein."

Da bat die Frau Hinkel den Gockel sehr, er
solle dem Kind verzeihen, und Gockel sagte: „Sie
soll nur alles erzählen, was sie angestellt, ich werde
sie nicht umbringen." „Erzähle, Gackeleia", sagte
die Mutter, „wo hast du eine Puppe herbekom-
men?" Da war Gackeleia in großer Angst, denn
der Vater riß während der Erzählung an einer
Birke, die bei dem Felsen stand, dann und wann
ein Zweiglein ab, und es sah so ziemlich aus, als
wenn er, wo nicht einen Besen, doch wenigstens eine
Rute binden wollte; aber was half alles? Das Kind
mußte sprechen:

> „An mein Gärtchen kam heut morgen
> Ein alt Männchen, ganz voll Sorgen,
> Ließ vor mir im Tanz sich drehn
> Ach! ein Püppchen, wunderschön."

„Da haben wir es", rief Gockel und riß ein starkes Birkenreis ab, „da haben wir es. Eine Puppe!
Oh, es ist abscheulich!" Gackeleia aber sagte geschwind:

> „Nein, kein Püppchen, es ist nur
> Eine schöne Kunstfigur,
> Ein kleine Gärtnerin,
> Jägerin und Fischerin,
> Bäurin, Hirtin und so weiter,
> Jede hat besondre Kleider."

76

„Ach, abscheulich!" sagte Gockel, aber Gackeleia
fuhr fort:

> „Allerliebst, kaum auszusprechen,
> Mir wollt' schier das Herz zerbrechen
> Nach dem schönen Wunderding;
> Als es an zu laufen fing,
> Als die Räder in ihm schnarrten,
> Wollt' es zu mir in den Garten,
> Lief am Gitter hin und her,
> Als ob es lebendig wär.
> Und ich glaubt' des Alten Schwur,
> Daß es eine Kunstfigur,
> Daß es keine Puppe sei,
> Glaubt', daß das nicht Unrecht sei."

„Schöne Ausreden!" sagte Gockel unwillig und
riß wieder ein Birkenreis ab. Gackeleia gefiel das
gar nicht, und sie sagte:

> „Vater Gockel, ich bitt schön,
> Laß das Birkenreis doch stehn,
> Ach, ich bin vor Angst verwirrt,
> Daß es eine Rute wird."

Da sprach Gockel ernsthaft:

> „Gackeleia, glaub du nur,
> Daß es eine Kunstfigur,
> Daß es keine Rute sei,
> Denk nichts Arges dir dabei!"

Da sagte Gackeleia:

> „Kunstfigur von Birkenreis?
> Ach, du machst mir gar zu heiß."

Und Gockel sagte:

>>„Kunstfigur für Kunstfigur,
Rute für die Puppe nur."

Da ward Gackeleia wieder sehr betrübt und
schrie wieder ganz erbärmlich:

>>„Vater Gockel, ach, verzeih!
Mutter Hinkel, steh mir bei!
Oder Gackeleia klein
Springt und bricht sich Hals und Bein."

Frau Hinkel bat sehr, und Gockel sagte: „Ich
werde sie nicht umbringen, sie soll nur erzählen,
was der Alte weiter gesagt hat, und was sie ihm
für die Kunstfigur gegeben hat." Da fuhr Gackeleia
fort:

>>„Ach, der Alte weinte sehr,
Hätt' nicht Vater, Mutter mehr,
Bruder nicht noch Schwesterlein,
Keinen Sohn, kein Töchterlein,
Keinen Vetter, keine Base,
Nichts als eine lange Nase,
Einen Bart, ganz weiß und lang,
War betrübt und angst und bang."

„Der alte Schelm!" rief da Frau Hinkel aus und
riß auch ein starkes Birkenreis ab, „der alte Schelm
ist schuld, daß ich auch wieder eine so häßliche lange
Nase habe." Und Gockel sagte: „Schau, Frau Hinkel, jetzt merkst du auch, was wir ihm zu danken
haben, du die Nase und ich den Bart. O unglück-
selige Kunstfigur, was sind wir für abscheuliche
Figuren durch dich geworden! Aber erzähle weiter,
Gackeleia, was wollte er für die Puppe?" Da erwiderte Gackeleia mit großer Angst:

„Für die schöne Kunstfigur
Wollt’ in deinen Ring er nur
Einmal ein klein bißchen blicken,
Seinen Kummer zu erquicken.“

„O du abscheulicher Betrüger!“ rief Gockel aus,
„o du unseliges, leichtsinniges, spielsüchtiges Kind!
Und du zogst mir den Ring im Schlaf ab und gabst
dem Schelmen den Ring? Sprich, sprich, hast du das
getan? Sprich gleich, oder ich werfe dich gleich vom
Felsen!“ Da rief Gackeleia wieder in großer
Angst:

„Vater Gockel, ach, verzeih!
Mutter Hinkel, steh mir bei!
Ja, als Vater Gockel schlief,
Mit dem Ring ich zu ihm lief;
Doch er sah nicht lang hinein,
Gab zurück den Edelstein,
Den ich gleich zurückgebracht,
Eh’ der Vater aufgewacht.
Ach, ich will’s nicht wieder tun,
Einmal ist das Unglück nun
Durch mich böses Kind geschehn.
Werdet ihr die Puppe sehn,
Nein, nicht Puppe, es ist nur
Eine schöne Kunstfigur,
Ganz natürlich nach dem Leben,
Ach, ihr müßt mir dann vergeben!“

Und nun zog sie die Puppe aus ihrer Tasche, zog
das Uhrwerk auf, und die kleine Gärtnerin schnurrte
so artig zwischen dem Thymian auf dem Felsen herum, daß Gackeleia ihr, in die Hände patschend,
nachlief. Da erwischte der alte Gockel das Kind beim
Arm und sagte: „Nun habe ich dich, ungehorsames
Kind! Habe ich dir nicht tausendmal verboten, mei-

nen Ring ohne meine Erlaubnis nicht anzurühren? Du hast ihn aber dem alten Betrüger gegeben, und der hat ihn mit einem andern vertauscht, der keinen Heller wert ist, und so hast du deine Eltern und dich in Schande und Armut gebracht durch deine Begierde nach einer elenden Puppe."

Da schrie Gackeleia ganz erbärmlich:

> „Keine Puppe, es ist nur
> Eine schöne Kunstfigur.
> Vater, Vater, laß mich los!
> Ach, sie ist durch Stein und Moos
> Von dem Fels in vollem Lauf;
> Mutter Hinkel, halt sie auf,
> Daß sie nicht den Hals zerbricht,
> Denn sie kennt die Wege nicht!"

Die kleine Puppe lief auch ganz wie toll den Felsen hinunter, und Frau Hinkel wollte sie aufhalten, aber glitt auf dem glatten Rasen aus und rollte ein ziemlich Stück Weg hinunter. Darüber wurde der alte Gockel noch viel ungeduldiger und sagte: „Nun sieh das Unglück! Deine Mutter bricht noch schier ein Bein über der abscheulichen Puppe. Recht muß sein, du hast unverzeihlich gefehlt, jetzt wähle, Gackeleia, entweder kriegst du hier recht tüchtig die Rute, oder du läßt die Puppe laufen." Und da Gackeleia wieder schrie:

> „Keine Puppe, es ist nur
> Eine schöne Kunstfigur",

legte Gockel sie über das Knie und gab ihr tüchtig die Rute mit den Worten:

> „Keine Rute, es ist nur
> Eine schöne Kunstfigur",

und Gackeleia schrie:

> „Mutter, halt, o jemine,
> Halt sie auf, sie tut sich weh!"

und Gockel schlug immer zu und schrie:

> „Fitze, fitze, Domine,
> Tut die ganze Woche weh!"

Er hätte auch noch länger zugeschlagen, aber Frau Hinkel schrie so erbärmlich, sie könne nicht wieder herauf, daß Gockel das Kind losließ und hinabging, ihr zu helfen. Kaum aber war Gackeleia los, so rüttelte und schüttelte sie sich über die abscheuliche Kunstfigur, die sie empfunden hatte, und lief ihrer kleinen Kunstfigur nach, die sie eben unten im Tal über den Steg eines Baches laufen sah; aber die Puppe lief, als ob sie vier Beine hätte, über den Steg und linksum in den Wald hinein, und Gackeleia immer hinter ihr drein.

Gockel hatte indessen Frau Hinkel durch einen Umweg wieder auf die Höhe heraufgebracht, und sie klagten sich unterwegs einander, wie der Alte, der sie durch Gackeleias Spielsucht um den köstlichen Ring des Salomon gebracht, gewiß einer von den alten Petschierstechern sei, die ihn einst um den Hahn Alektryo hätten betrügen wollen. Als sie unter solchen Reden auf den Fels zurückkamen und die Gackeleia nicht mehr sahen, riefen sie nach allen Seiten nach dem Kind, aber nirgends hörten und sahen sie etwas von ihr. Da ward ihr Kummer um allen ihren Verlust in eine große Sorge um ihr Kind verwandelt; sie liefen hin und her und schrien durch den Wald: „Gackeleia! Gackeleia!" Und wenn das Echo wieder rief: „Eia! Eia!" glaubten sie, das Kind

antworte, und so verirrten sie sich immer tiefer in
der Wildnis, bis sie endlich beide, ach, aber ohne
Gackeleia, sich bei ihrem alten Stammschlosse wie-
derfanden. Die Vögel wachten alle auf und flogen
wie alte Bekannte um sie her und grüßten sie, aber
Gockel und Hinkel riefen immer:

> „Gackeleia, liebe Gackeleia, komm doch nur!
> Ja, es ist eine Kunstfigur,
> Komm, es soll dir nichts geschehn,
> Wenn wir dich nur wiedersehn!"

Aber keine Antwort, von keiner Seite. Da saßen
die zwei armen Eltern auf der Schwelle des alten
Hühnerstalles nieder und weinten die ganze Nacht
bitterlich, und alle Vögelein weinten mit.

Am Morgen aber schnitt sich Gockel einen tüch-
tigen Knotenstock und gab auch der Frau Hinkel
einen und sagte: „Liebe Frau, wir sind arme Leute
geworden, aber es gebühret einem Raugrafen Gokkel von Hanau und einer Raugräfin Hinkel von
Hennegau nicht, im Unglück zu verzweifeln; lasse
uns auf Gott vertrauen und unsere Fräulein Tochter Gackeleia durch die weite Welt suchen, und sollten wir unterwegs Hungers sterben! Geh du links,
und ich geh rechts, alle Monate kommen wir hier
wieder zusammen und sagen uns, was wir entdeckt
haben; dabei können wir zugleich dem Dieb unsers
Ringes nachforschen." Frau Hinkel war das zufrieden; sie umarmten sich beide unter bittern Tränen
und wanderten dann auf getrennten Wegen, Herr
Gockel rechts, Frau Hinkel links. Und wenn sie in
die Dörfer oder Städte kamen, sangen sie vor allen
Türen:

> „Habt ihr nicht ein Kind gesehn?
> Ein klein Mägdlein wunderschön,

Blaue Augen, rote Backen,
Zähnchen weiß zum Nüsseknacken,
Und ein roter Kirschenmund
Frisch und froh und dick und rund,
Glänzend wie ein Mandelkern,
Hüpft und spielt und singet gern.
Es hat einen blonden Zopf,
Einen Strohhut auf dem Kopf,
Trägt auch eine alte Juppe
Und läuft hinter einer Puppe
Her und schreit, es sei ja nur
Eine schöne Kunstfigur.
Barfuß läuft es ohne Schuh';
Fragt man es: Wie heißest du?
Sagt es gleich ganz freundlich: Eia,
Ich bin Gockels Gackeleia.
Ach, das Kind hab ich verloren,
Und hab einen Eid geschworen,
Nicht zu ruhn, bis ich das Kind
Gackeleia wiederfind!"

Aber immer sagten die Leute:

„Wir haben so kein Kind gesehn,
Ihr armer Mensch müßt weitergehn,
Da habet Ihr ein Stückchen Brot,
Gott helfe Euch in Eurer Not!"

Da nahmen sie dann das Brot, die armen Eltern,
und aßen es mit Tränen und setzten ihren Stab
traurig weiter.

So waren sie schon dreimal in dem alten Stammschlosse wieder ohne Gackeleia zusammengekom-
men, hatten mit großem Jammer in dem alten
Hühnerstall geschlafen und sich ihre vergeblichen
Nachforschungen einander mitgeteilt. „Ach Gott",

sagte Frau Hinkel, „das arme Kind ist gewiß umgekommen, hättest du es doch nicht so hart wegen der Puppe behandelt!" Da erwiderte Gockel: „Und hättest du besser auf sie achtgegeben, so hätten wir den Ring und das Kind nicht verloren; nichts ist leichter zu sagen als ‚Hättest du'. Lasse uns lieber auf dem Grabe des Alektryo in der Kapelle recht herzlich beten, daß wir das Kind morgen zum vierten Male nicht vergebens suchen mögen." Hierauf gingen sie nach der Kapelle und beteten recht eifrig, legten sich dann auf ihr Mooslager und schliefen einen gar süßen Schlaf und träumten von Gackeleia.

Gegen Morgen hörte Gockel noch halb im Schlafe etwas um sich her rascheln, es war noch sehr dunkel in der Stube, aber er sah etwas an der Erde hinlaufen und verschwinden; er stieß Frau Hinkel an und sagte: „Mir war gerade, als wenn die fatale Puppe der Gackeleia vorübergelaufen wäre." Da sprach eine Stimme:

„Keine Puppe, es ist nur
Eine schöne Kunstfigur."

Gockel meinte, Frau Hinkel habe das gesagt, und verwies ihr, daß auch sie so eigensinnig wie Gackeleia spreche. Frau Hinkel hatte schlaftrunken die Worte auch gehört und behauptete, er habe es selbst gesagt. Sie wollten eben hierüber zu zanken anfangen, als sie leise an der Türe pochen hörten. Sie fuhren ordentlich vor Schreck zusammen, wer das wohl sein könne, der in dem wüsten, zerstörten Schlosse so leis anpoche. Da es aber zum dritten Male pochte, fragte Gockel laut: „Wer ist drauß?" Und es antwortete eine männliche Stimme: „Ich bitte alleruntertänigst um Verzeihung, Herr Graf, daß ich so früh störe; aber die Leute lassen mir keine Ruhe, sie sagen, daß ich ihnen drei Zentner Käse aus der gräflichen Käsefabrik abliefern soll, nun wollte ich doch den Befehl des Herrn Grafen selbst abholen."

Gockel wußte auf die Rede gar nicht, wo ihm der Kopf stand. „Drei Zentner Käse", sagt er, „aus der gräflichen Käsefabrik! Hast du gehört, Hinkel?" „Ja", sagte Frau Hinkel, „was kann das sein? Ich weiß nicht, ob ich träume oder wache." Da der Mann aber immer von neuem pochte und um die Erlaubnis bat, den Käse abzuliefern, schrie Gockel heftig: „Bist du, der da pochet, toll oder ein Spötter, der einen armen Greis zum Narren haben will, so nehme dich in acht, oder ich komme mit meinem Knotenstock über dich! Wo habe ich Käse oder eine Käsefabrik? Gehe von dannen und gönne den Armen ihr einziges Gut, die Ruhe und den Schlaf!" Da antwortete die Stimme wieder: „Gnädigster Graf, vergebet mir, daß ich Euch erweckte; ich sehe wohl, daß Ihr den Leuten den Käs' nicht abliefern lassen wollet, ich werde sie abweisen!"

Nun hörte Gockel draußen auf dem Hofe sprechen und hin und wieder gehen, und seine Verwunderung, was das zu bedeuten habe, wuchs immer mehr. „Ach", sagte er zu seiner Frau, „ich fürchte fast, es ist irgendeine Nachstellung von unseren Feinden, die uns ermorden wollen." „Das wäre entsetzlich!" erwiderte Frau Hinkel und drückte sich in der Angst an ihn. Da pochte es wieder an der Türe, und Gockel rief zwar erschrocken, doch ziemlich laut: „Wer da?"

Da antwortete eine andere Stimme: „Eurer Hochgräflichen Gnaden untertänigster Küchenmeister fragt an, ob er einen Zentner Schinken aus der gräflichen Rauchkammer abliefern darf, welche auf drei Eseln, die vom König Sissi angekommen sind, abgeholt werden sollen."

Gockel wußte nicht, wo ihm der Kopf stand bei diesen Reden. „Warte, ich will dir Schinken geben, du nichtswürdiger Spötter!" rief er aus, indem er aufsprang und nach seinem Stocke suchte. Als er aber ganz klar und deutlich drei Esel vor der Tür wiehern hörte, schrie er und Frau Hinkel zugleich: „Herrjemine, die Esel sind wirklich da!" Es war noch dunkel in dem Stalle, der kein Fenster hatte und dessen verschlossene Türe nur durch einen Spalt einen Schimmer des Tags hineinfallen ließ. Gockel tappte an der Wand nach seinem Knotenstock herum, und plötzlich wurde er von ein Paar zarten Armen herzlich umschlossen, so daß er laut aufschrie: „Um Gottes willen, wer ist das?" Aber die Unbekannte hörte nicht auf, ihn mit den zärtlichsten Küssen zu bedecken, und als Frau Hinkel auch dazukam, ging es derselben nicht besser; und da sie sich in diese Liebkosungen gar nicht finden konnten, sagte endlich das unbekannte Wesen mit einer wohlbekannten Stimme zu ihnen: „Ach, kennt ihr denn euer Töchterlein Gackeleia gar nicht mehr?" „Du? Gackeleia?" riefen beide aus. „Nein, das ist nicht möglich, du bist ja eine erwachsene Jungfrau." „Ach, groß oder klein", antwortete es, „ich bin doch eure Gackeleia", und da riß sie die Türe auf, und es fiel zu gleicher Zeit so viel Fremdes und Wunderbares in die Augen des alten Gockels und der Frau Hinkel, daß sie sich einander in die Arme sinken und herzlich weinen mußten. Denn erstens sahen sie wirklich die ganze Gackeleia vor sich, aber nicht mehr als ein kleines Mädchen, sondern als eine blühende, wunderschöne, allerliebst geputzte Jungfrau, und zweitens sahen sie sich selbst beide nicht mehr alt und in Lumpen, sondern als zwei schöne, wohlbekleidete Leute in den besten Jahren, und drittens sahen sie durch die Türe nicht mehr in einen verfallenen, mit Schutt und wildem Unkraut bewachsenen Burghof hinaus, sondern in einen schön geplatten, reinlichen Hof, von schönen Schloßgebäuden und allen Wohnungen und den Ställen umgeben, in der Mitte aber, an einem plätschernden Springbrunnen, sahen sie drei verdrießliche alte Esel mit langen Ohren angebunden, welche die Köpfe zusammendrückten, als ob sie sich schämten. Auch sahen sie allerlei Gesind' in schönen Livereien geschäftig auf und nieder gehen, die immer, sooft sie am Hühnerstall vorüberkamen, tiefe Verbeugungen machten und schönen guten Morgen wünschten.

„Ach, was ist das? Es ist nicht möglich! Woher alle diese Wunder?" rief Gockel aus; da reichte Gakkeleia ihm ihre schöne Hand und sah ihm freundlich lächelnd in die Augen, und Gockel schrie mit lautem Jubel aus: „Ach, der Ring! Der köstliche Ring Salomonis ist wieder da, den du durch die Puppe verloren!" Da sagte aber Gackeleia gleich wieder:

„Keine Puppe, es ist nur
Eine schöne Kunstfigur",

und Gockel sagte: „Meinetwegen, ich will dir die Rute nicht mehr geben, du bist auch zu groß dazu, und alles ist ja wieder gut." „Aber wie hast du alles angefangen?" sagte Frau Hinkel, welche immer um die schöne, prächtige Jungfrau herumgegangen war, sie zu betrachten und zu küssen und zu drükken, „um Gottes willen, Herzwunder Gackeleia, erzähle!" „Ja, erzähle!" rief Gockel und drückte sie herzlich an seine Brust.

Gackeleia aber erwiderte: „Lobet mich nicht zu

sehr, geliebter Vater, denn all unser neues Glück haben wir allein Euch selbst zu verdanken." „Mir?" fragte Gockel, „das müßte seltsam zugehen. Ach, ich habe ja nichts tun können, als vor den Häusern, nach dir suchend, bettelnd herumzuziehen." Da sagte Gackeleia: „Schon gut! Ihr sollt alles hören, folgt mir nur nach einer andern Stube, wir wollen das wiederhergestellte Stammschloß unsrer lieben Vorfahren einmal ein wenig durchmustern, wir werden gewiß ein Plätzchen finden, wo es uns besser gefällt als in dem alten Hühnerstall, in dem wir ohnedies dem Federvieh Platz machen wollen, das gleich wieder hinein muß." Da drehte Gackeleia den Ring und sprach:

> „Salomon, du weiser König,
> Dem die Geister untertänig,
> Fülle gleich den Hühnerstall!
> Laß die bunten Hühner all
> Gackeln, scharren, glucken, brüten,
> Sie vom hohen Hahn behüten!
> Alle soll er übersehen,
> Stolz mit Spornen einhergehen,
> Kamm und Sichelschweif hoch tragen,
> Streitbar mit den Flügeln schlagen,
> Krähen wie ein Hoftrompeter,
> Daß bei seinem Anblick jeder
> Ganz mit Wahrheit sagen kann:
> Das ist recht ein Rittersmann.
> Bringe uns auch schöne Pfauen,
> Die bei ihren grauen Frauen
> Goldne Augenräder schlagen,
> Abends nach der Sonne klagen.
> Gib uns dann auch welsche Hahnen,
> Zornig-schwarze Indianen,
> Solche hoffärtige Gesellen,

Denen rot die Hälse schwellen,
Die sich kollernd neidisch blähen,
Wenn sie rote Farbe sehen,
Aufgespreizt mit Hofmanieren
Um die Hennen her turnieren.
Schenk uns Enten bunt und prächtig,
Weiße Gänse, die bedächtig
Nach dem Wolkenhimmel sehn
Und auf einem Beine stehn
Oder auf der Wiese gackeln,
Bis sie in das Wasser wackeln.
Lasse auch schneeweiße Schwäne,
Rein wie blanke Silberkähne,
Ernst und klar mit edlem Schweigen
Schwimmen in den Spiegelteichen.
Auf dem Dache laß sich drehen
Tauben, schimmernd anzusehen,
Um den Hals mit goldnen Strahlen,
Schöner, als man sie kann malen.
Alles sei recht auserlesen,
Wie's im Paradies gewesen.
Ringlein, Ringlein, dreh dich um,
Mach's recht schön, ich bitt dich drum!"

Kaum hatte Gackeleia dies gesagt, als aus dem
Hühnerstall, den sie verlassen hatten, ihnen eine
Schar der buntesten Hühner, Pfauen, Puten, Enten,
Gänse und Schwanen nachströmte und auf dem
Dache alles von Tauben wimmelte. Gockel und
Hinkel hatten die größte Freude an den herrlichen
Tieren und begaben sich, nachdem sie alle bewun-
dert hatten, in das Schloß.
Freudig und neugierig betrachteten sie eine Reihe
von Gemächern und Sälen, welche alle mit dem
prächtigsten alten Hausrat versehen waren, und
setzten sich endlich in dem obersten Stockwerke auf

die Galerie eines Turmes, von welchem sie die Aussicht über die höchsten Gipfel des Waldes hin in die Ferne bis nach den Turmspitzen von Gelnhausen hatten.

„Hier ist es gar schön", sagte Gackeleia, „hier will ich euch alles erzählen, wie ich den Ring wiedererhalten habe, aber wir wollen auch etwas frühstücken." Kaum hatte sie dies gesagt, als ein alter Diener einen großen Korb voll Früchten und kaltem Fleischwerk und feinem Gebackenen und Wein und Milch die Treppe heraufbrachte und, als er alles vor sich niedergesetzt hatte, nochmals fragte, ob die drei Esel mit dem Käse und den Schinken sollten bepackt werden. „Ja", sagte Gackeleia, „und daß nur alles recht gut und ausgesucht sei! Ich werde hernach das Weitere selbst befehlen." Gockel und Hinkel waren sehr begierig nach ihrer Erzählung und baten sie, zu beginnen. Da erzählte sie folgendes:

„Als du mich so hart straftest, lieber Vater, fühlte ich vor Angst um meine Puppe – nicht doch Puppe, es ist nur eine schöne Kunstfigur –, also um meine Kunstfigur gar nichts von der Rute; ich erwartete nur mit Sehnsucht den Moment, meiner kleinen Gärtnerin nacheilen zu können, welche bergab lief, wie sie noch nie gelaufen war. Da rief die Mutter um Hülfe; da ließt du mich los, und wie ein Pfeil nach dem Ziel stürzte ich meiner Kunstfigur nach. Sie lief über den Steg, in den Wald, durch Distel und Dorn, und ich hatte sie einigemal zum Greifen nah; wie ich aber die Hand ausstreckte, fing sie von neuem so zu rennen an, daß ich ermüdet endlich niedersank und weinend ausrief: ‚Ach, schöne Gärtnerin, wie handelst du so undankbar gegen mich, ich habe dich so lieb, so lieb, daß ich lieber die schimpflichste Strafe über mich ergehen ließ, als dich zu verlassen, und jetzt läufst du vor mir, als wenn ich deine ärgste Feindin wäre.'

Als ich diese Worte gesprochen hatte, fiel mir auch erst ein, wie sehr weit ich von euch, liebe Eltern, fortgelaufen war; ich sah die Sonne bereits sinken und war außer allem Weg und Steg; mit Verzweiflung rief ich: ‚Vater Gockel! Mutter Hinkel!‘ Aber alles war vergebens. So sank ich ganz erschöpft in einen tiefen Schlaf und träumte immer von der Figur, und da ich zu ihr sprach: ‚Nicht wahr, du bist keine Puppe, sondern nur eine schöne Kunstfigur?‘ hörte ich ein feines Stimmchen zu mir sprechen: ‚Eigentlich, meine liebe Gackeleia, bin ich keine Kunstfigur und keine Puppe, sondern ich bin –‘ hier griff ich mit beiden Händen zu und hatte sie glücklich wieder ertappt; denn ich war über den Worten der kleinen Gärtnerin leise aufgewacht, hatte aber nur durch die Augen geblinzelt, um sie unvermutet zu erwischen.

‚Nun sollst du mir nicht mehr entwischen‘, sagte ich, ‚besonders da ich weiß, daß du reden kannst; nun habe ich dich noch einmal so lieb, warte, ich will dir etwas zu essen geben.‘ Da stopfte ich ihr einige Brotkrumen in den Mund und hörte sie knuppern und beißen. Dann bat ich sie wieder, sie solle mir doch eigentlich sagen, wer sie sei, aber sie war stumm wie zuvor und sagte kein Wort. Ich war schier unwillig über sie, band sie mit meinem Strumpfband an meinen Arm fest und deckte meine Schürze über mein Gesicht, betete auch zu Gott, daß er mich in dieser Nacht beschützen möge, damit ich morgen früh meine Eltern wieder finden möge, und so schlief ich ruhig wieder ein.

Da träumte ich wieder von der kleinen Gärtnerin, und es war, als ob sie zu mir spreche: ‚Liebe Gackeleia, wache nur nicht auf; denn nur im Traum kannst du meine Worte verstehen. Siehe, ich bin dir ganz außerordentlich gut, weil du lieber die Rute hast empfinden wollen, als dich von mir trennen. Ich bin aber eigentlich gar keine Kunstfigur, sondern bin eine arme gefangene Prinzessin und bin allein so entsetzlich vor dir gelaufen, um meinen Gemahl, den Prinzen, der gewiß ganz verzweifelt über meinen Verlust ist, wiederzusehen; denn er und meine ganze königliche Familie wohnt keine Stunde Wegs mehr von hier. Du kannst dir denken, wie lieb ich dich habe, da ich, als du einschliefst, meinen Weg nicht fortsetzte, sondern zu dir hinlief, um dir auf deine harten Vorwürfe der Undankbarkeit antworten zu können, weil du mich schlafend nur verstehen kannst.'

‚Eine Prinzessin wärst du?' antwortete ich, ‚und dein Prinz und deine ganze königliche Familie wären ebenso wunderschöne Figürchen? Ach, das möchte ich vor mein Leben gern sehen, führe mich doch zu ihnen!' ‚Nein, solche Figürchen sind sie nicht', erwiderte sie, ‚denn sonst wären sie so unglücklich als ich, die niemand anders ist als die arme kleine Mäuseprinzessin Sissi von Mandelbiß, welcher diese fatale Figur auf den Rücken geheftet ist, damit sie von mir herumgetragen wird.'"

„Potztausend!" rief der alte Gockel aus, „das ist ja dieselbe kleine Mäuseprinzessin, welcher ich in der ersten Nacht unseres Hierseins das Leben vor der Katze rettete und die ich nachher nach ihrer Heimat brachte."

„Ganz recht", sagte Gackeleia, „und sie ist nicht undankbar; denn sie ist es, der wir den Wiederbesitz des Rings und somit unser ganzes neues Glück verdanken."

„Ist nicht möglich!" sagte Frau Hinkel.

„Schau, schau!" sagte Gockel, „man soll doch nie

versäumen, auch dem geringsten Geschöpfe Liebe zu erweisen! O die gute Mäuseprinzessin! Nun erzähle nur weiter!"

Nun fuhr Gackeleia fort:

„Sie erzählte mir nun alle Liebe, die du ihr und ihrem Gemahl einst erwiesen, und war in Verzweiflung, daß sie gegen ihren Willen in der Kunstfigur mit schuld an unserm Unglück gewesen, versprach mir aber, so ich sie aus der Figur befreien und ihr nach ihrer Residenz nachfolgen wollte, alles mögliche zu versuchen, um uns wieder zu dem Ringe zu verhelfen. Dazu aber sei es unumgänglich nötig, daß ich in ihrer Residenz, wenn sie den großen Rat versammle, mir alle Mühe geben müßte, einzuschlafen, damit ich die Sprache ihrer Nation verstehen könne. Ich versprach, mein möglichstes zu tun, und bat sie, mir doch noch zu erzählen, wie sie dann in die Kunstfigur gekommen sei. ‚Ach', erwiderte sie, ‚ich begleitete meinen Gemahl auf einer Wallfahrt, die wir wegen unsrer Rettung durch deinen Vater gelobt hatten. Da ließ ich mich verführen, in der Nachtherberge, wo drei alte, bärtige Männer, welche sich für Petschierstecher ausgaben, auf der Streu schliefen, dem Geruche von gebratnem Specke nachzugehen, und so ward ich in der Falle gefangen. Der eine von den Alten kam am Morgen an die Falle und sagte: ‚Ei, da habe ich ja alles, was ich brauche', und heftete mich gleich unter den Rock der kleinen seidenen Puppe, welche er aus dem Schnappsack zog, und hatte tausend Freude, wenn ich mit der Puppe hin und her lief, welche doch zu schwer war, als daß ich mit ihr entlaufen konnte. Am Anfang rannte ich gegen Tisch und Bänke; da er aber einmal sagte: ‚Wenn die kleine Maus nicht bald sich durch Hunger zähmen läßt, so werde ich sie der Katze vorwerfen', kriegte ich eine solche Angst vor diesem Schicksal und tat von nun an alles, was er wollte, immer in der Hoffnung, bei guter Gelegenheit zu entwischen, und die fand ich, wie du es weißt. Die Liebe zur Freiheit und die Nähe meiner Heimat gab mir ungewöhnliche Kräfte, und so sind wir dann gekommen bis hierher. Jetzt aber erschrick nicht zu sehr, ich will dich ein wenig ins Ohr beißen, damit du mich losmachen kannst; dann folge mir nach meiner Residenz, wo ich dir ein Plätzchen zum Schlafen anweisen und meinen Rat um dich versammeln will.' Kaum hatte sie dies gesagt, als sie mich ins Ohrläppchen biß, daß ich erwachte. Es war Nacht und heller Mondschein. Gleich untersuchte ich nun die Kunstfigur und erblickte das artigste weiße Mäuschen mit einem goldnen Krönchen auf dem Kopf, welchem die kleine seidne Puppe mit einem Draht um den Leib befestigt war; ich löste diesen Draht mit Behutsamkeit auf, und die Mäuseprinzessin machte die lustigsten Freudensprünge vor mir her durch das Gras. Ich folgte ihr nach, aber sie eilte so sehr, daß ich sie oft aus dem Gesicht verlor; wenn ich dann ängstlich rief: ‚Mäuseprinzessin, laß mich nicht im Stiche!' pfiff sie laut und sprang vor mir hoch aus dem Gras in die Höhe, wodurch ich mich wieder zurechtfand.

Als wir ungefähr eine halbe Stunde gegangen waren, hörte ich ein großes Gepfeife und sah um einen Hügel herum die Residenz des Mäusekönigs im Mondschein liegen, die ich auch gleich beschreiben will. Kaum hatte die Prinzessin sich am Tor der Stadt gezeigt, als es aufflog und ein freudiges Gepfeife durch die ganze Stadt und das oben liegende Schloß sich verbreitete, aus welchem viele weiße Mäuse ihr entgegenstürzten und sie mit großem Jubel empfingen. Sie wollte aber nicht in das Schloß hinein, sondern drehte sich abwechselnd gegen mich und die Ihrigen, welchen sie von mir zu erzählen schien, so daß alle die Mäuse bald ihre Köpfchen gegen mich aufhoben und allerlei pfiffen, was ich nicht verstand. Da sagte ich zu ihnen: ‚Ihr lieben Mäuse, gleich will ich mich schlafen legen, damit ich eure Gespräche verstehen kann‘, und kaum hatte ich das gesagt, als sie auch zu Tausenden anströmten und das zärteste Moos an einen trocknen Ort unter einer großen Eiche zusammentrugen. Ich sah wohl, daß dies ein Bettchen für mich werden sollte, und betrachtete mir unterdessen die schöne Mäusestadt.

Oben auf dem Hügel lag das königliche Schloß, ein weites Viereck von großen holländischen Käsen zusammengelegt, die alle auf das reinlichste ausgenagt waren; alle Türen und Fenster waren zwar etwas nach altem Geschmack und nicht ganz gleichförmig verteilt, doch hatte die Burg ein ehrwürdiges Ansehen. Rings um das Schloß her und selbst auf seinen Dächern waren die schönsten Gärten von Schimmel angelegt, den ich nie höher und leichter gesehen habe. Türme von Käserinden, mit Mandelschalen statt Ziegeln gedeckt, gaben dem Gebäude eine besondere Zierde. Die Häuser der Untertanen bestanden aus hohlen Kürbissen und Melonen und Kommißbroten und Semmeln; einige wohnten auch in alten Stiefeln und Schuhen. Und alle die Wohnungen lagen in Reih’ und Ordnung um den Hügel herum und hatten größere und kleinere Anlagen von Schimmel um sich her. Auch bemerkte ich viele Höhlen in die Erde hinein, welches ihre Keller und Vorratskammern waren. Das Schönste war in der Mitte des Hügels, auf einem weiten freien Platz, eine große gotische Kirche, von weiß gebleichten Pferdeschädeln zusammengebaut

und von tausend kleinen Knochensplittern verziert
und verspitzt; um sie her aber war der Kirchhof,
Grab an Grab schön geordnet, und mitten drauf ein
Beinhaus von lauter Mäusegerippen und -beinchen,
weiß wie Elfenbein, in schönster Ordnung zusammengelegt. Alles das konnte ich nicht genug bewun-
dern, und der Mond schien so hell in die kleine
wimmelnde Welt, daß es eine Lust war, hineinzu-
schauen.

Währenddem war mein Mooslager fertig geworden, und ich war so müde, daß ich mich drauf
niederlegte und entschlief. Da versammelte sich
denn die ganze königliche Familie und ihr ganzer
Staatsrat um meinen Kopf, und ich konnte alle ihre
Gespräche vernehmen. Nachdem der Prinzessin
Sissi nochmals von ihrem Gemahl und von ihren
Eltern Glück gewünscht worden war zu ihrer Rettung, sagte sie, wie man die Gelegenheit nicht versäumen müßte, der Familie des Raugrafen Gockel,
welcher sie zum zweitenmal so verbindlich geworden, sich dankbar zu erzeigen. Sie erzählte, daß ich
ihretwegen die Rutenschläge standhaft erlitten. Da
sagte ein alter Rat, die Rute hätte ich wohl verdient, weil ich einstens eine so große Katzenfreun-
din gewesen, und es sei überhaupt zu überlegen, ob
ich nicht eine Spionin der Katzen sei. Dieser Ver-
dacht ängstigte mich dermaßen, daß ich mich selbst
mit Tränen dagegen verteidigte, und zwar so nach-
drücklich, daß dem alten Rat das Maul verboten
wurde. Prinz Pfiffi gab endlich der ganzen Sache
den Ausschlag mit folgenden Worten:

‚Nach der unglücklichen Nacht, in welcher meine
geliebte Sissi in die Gefangenschaft der alten Petschierstecher kam, welche sie unter die Puppe be-
festigten, machte ich viele Reisen durch die Welt,
um sie wieder aufzusuchen. Ich hatte die alten

Schelmen ganz aus dem Gesicht verloren, und so
kam ich einst über Nacht in ein Schloß, um da zu
übernachten. Da sah ich drei junge, freche Gesellen
in einem Saale in heftigem Zank, und zwischen
ihnen lag ein schöner Ring, nach welchem sie während ihrem Streit einer nach dem andern heftig
hingriffen, sich aber immer wieder einander davon
zurückstießen. Sie hatten jeder eine andre seltsame
Uniform und nannten sich Kommerzienrat, Hoffaktor und Hoflieferant und schrien und lärmten
ganz gewaltig. Jeder warf dem andern vor, er
wolle ihn übervorteilen, jeder wollte den Ring
vor allen andern haben, und endlich sagte der eine:
,Ich muß ihn von Rechts wegen statt aller tragen,
und wer von euch beiden etwas gewünscht haben
will, der kömmt zu mir und gibt mir einen voll-
wichtigen Louisdor, so wünsche ich ihm etwas. Ich
müßte den Ring bewahren, denn ich habe die Maus
gefangen und unter die Puppe geheftet, durch welche
der Ring gewonnen worden ist.' ,Was soll mir
das?' sagte der andre. ,Habe ich nicht den falschen
Ring gemacht, welcher für den echten ist hingegeben worden?' – Dann schrie der dritte: ,Was
soll mir das? Habe ich nicht die Puppe mit der
Maus der kleinen Gackeleia gegen den Ring auf-
geschwätzt? Bin ich es nicht, der euch den Ring
gebracht, durch dessen Besitz wir uns an Gockel
gerächt und uns jung und schön zu vornehmen
Standespersonen gemacht haben?' Sie waren im
Begriff, sich in die Haare zu fallen, aber ich hatte
genug gehört, ich wußte, daß Sissi lebte, und daß
sie zu Gelnhausen bei der kleinen Gackeleia in
einer Puppe stecke. Gleich begab ich mich wieder
auf die Reise. Aber in Gelnhausen auf dem Markt
erfuhr ich von einer Menge Mäusen, welche dort
in allerlei Küchenabfall nagten, der umherlag, wo

die raugräfliche Küche gestanden, daß Gockel und Hinkel und Gackeleia arm und lumpicht ins Elend gezogen seien. Nun suchte ich diese guten Leute auf und fand sie betrübt, daß Gackeleia der fatalen Puppe nachgelaufen sei. Ich machte mich nun von neuem auf den Weg, und so war ich denn endlich so glücklich, dich, liebe Sissi, und deine Freundin Gackeleia hier wiederzufinden. Jetzt aber halte ich es für das beste, wenn wir dem Gockel den Ring wiederverschaffen, und ich glaube, in eigner Person das ausführen zu können.' ,Nein', rief da die Prinzessin Sissi, ,ich will auch dabei sein, du bist zu ungestüm, wir wollen es zusammen versuchen, und Gackeleia soll auch mitgehen.'

Da sprach ich: ,Ja, ja, das wollen wir, und ich verspreche euren königlichen Eltern, wenn ich den Ring wiedererhalte, einen Zentner der schönsten holländischen Käse und einen Sack der besten Knackmandeln, ihre Residenz neu erbauen zu können, und dazu noch einen Zentner der besten Schinken zu allgemeiner Belustigung der Nation, und sonst alles, was dem edeln Volk der Mäuse lieb und angenehm sein kann.' ,Ach', rief da der alte König aus, ,meine liebe Gemahlin sagt mir soeben, daß sie vor ihr Leben gern einmal Königsberger Marzipan und Thornische Pfefferkuchen und Jauersche Bratwürste und Spandauer Zimtbrezeln und Nürnberger Honigkuchen und Frankfurter Brenten und Mainzer Vitzen und Gelnhäuser Bubenschenkel und Koblenzer Totenbeinchen und dergleichen patriotische Kuchen essen möge.'

,Alles das sollt ihr in Übermaß erhalten', sagte ich, ,wenn ich nur erst den Ring besitze.' ,Wohlan', sagte der König, ,so mag Sissi und Pfiffi morgen früh gleich mit dir auf das Abenteuer ausziehen, lasset uns aber vor allem in die Kirche einziehen

und den Schöpfer um einen glücklichen Ausgang
bitten! Schlafe du indessen wohl, liebe Gackeleia,
bis wir dich morgen früh erwecken!'

Nun begaben sie sich paarweis in einer schönen
Prozession in die Kirche, und jede Maus hatte ein
Stückchen leuchtendes faules Holz im Maule, welches sie im Vorübergehen aus einer hohlen Weide
abbissen, so daß sie wie ein Fackelzug in die Kirche
einzogen, und dazu sangen sie folgendes fromme
Lied:

,Kein Tierlein ist auf Erden
Dir, lieber Gott, zu klein,
Du ließt sie alle werden,
Und alle sind sie dein.
   Zu dir, zu dir
   Ruft Mensch und Tier.
   Der Vogel dir singt,
   Das Fischlein dir springt,
   Die Biene dir brummt,
   Der Käfer dir summt.
   Auch pfeifet dir das Mäuslein klein:
   Herr Gott, du sollst gelobet sein!

Das Vöglein in den Lüften
Singt dir aus voller Brust,
Die Schlange in den Klüften
Zischt dir in Lebenslust.
   Zu dir, zu dir
   Ruft Mensch und Tier usw.

Die Fischlein, die da schwimmen,
Sind, Herr, vor dir nicht stumm,
Du hörest ihre Stimmen,
Ohn' dich kommt keines um.
   Zu dir, zu dir usw.

Vor dir tanzt in der Sonne
Der kleinen Mücken Schwarm,
Zum Dank für Lebenswonne
Ist keins zu klein und arm.
    Zu dir, zu dir usw.

Sonn', Mond gehn auf und unter
In deinem Gnadenreich,
Und alle deine Wunder
Sind sich an Größe gleich.
    Zu dir, zu dir usw.

Zu dir muß jedes ringen,
Wenn es in Nöten schwebt,
Nur du kannst Hülfe bringen,
Durch den das Ganze lebt.
    Zu dir, zu dir usw.

In starker Hand die Erde
Trägst du mit Mann und Maus,
Es ruft dein Odem: Werde!
Und bläst das Lichtlein aus.
    Zu dir, zu dir usw.

Kein Sperling fällt vom Dache
Ohn' dich, vom Haupt kein Haar,
O teurer Vater, wache
Bei uns in der Gefahr!
    Zu dir, zu dir usw.

Behüt uns vor der Falle
Und vor dem süßen Gift
Und vor der Katzenkralle,
Die gar unfehlbar trifft!
    Zu dir, zu dir usw.

Daß unsre Fahrt gelinge,
Schütz uns vor aller Not,

Und helf uns zu dem Ringe
Und zu dem Zuckerbrot!
Zu dir, zu dir usw.'

Während diesem Gesange war ich eingeschlafen,
und am andern Morgen weckte mich Prinz Pfiffi
und Prinzessin Sissi. Ich stand auf und folgte ihnen
durch den Wald über Berg und Tal einen weiten
Weg. In den Dörfern und Städten befestigte ich den
Prinzen oder die Prinzessin unter meine Puppe und
ließ diese vor den Kindern auf dem Markte tanzen,
wodurch ich für mich und meine Reisegefährten
Brot gewann; denn den Taler, welchen mir der
kleine Prinz Kronovus geschenkt, hatte ich zu lieb,
um ihn auszugeben.

Als ich nun einst in der Nähe einer großen Stadt
bei einem kühlen Brunnen im Gebüsche wegemüd
eingeschlummert war, sagte mir Pfiffi ins Ohr:
,Liebe Gackeleia, die Stadt, welche vor uns liegt,
ist der Ort unsrer Bestimmung. Du sollst drin gleich
in die Kirche gehn und beten, daß unser Vorhaben
gelinge, wir laufen indessen in den Palast der Petschierstecher und geben dir, sobald wir alles aus-
geforscht, die gehörige Nachricht.' Ich versprach,
ihrem Rate zu folgen, und da wir in die Stadt
kamen, begab ich mich sogleich in die Kirche und
kniete mich in ein Winkelchen und betete recht
herzlich zu Gott, daß ich den Ring wiedergewinnen
und zu euch, liebe Eltern, zurückfinden möge. Die
Mäuse aber hüpften in den Korb einer alten Köchin,
die auch da betete, und ließen sich von ihr in den
Palast der Petschierstecher tragen; denn Pfiffi erkannte sie als die Köchin derselben, welche er bei
seinem vorigen Aufenthalt in der Speisekammer
besucht hatte.

Als ich allein war, kamen mancherlei Leute in die

Kirche und beteten und klagten Gott ihre bittre Not, und da ich durch den Umgang mit den Mäusen mein Gehör sehr geschärft hatte, hörte ich das meiste, was sie in ihrer Herzensangst flüsterten, und alle beteten, Gott möge doch die Stadt von dem bösen Hoffaktor befreien, er sei schuld, daß der Fürst die Semmeln so klein backen lasse. Ein andrer betete, Gott möge doch den geizigen Kommerzienrat vertreiben, er sei schuld, daß der Fürst das Salz so teuer verkaufe. Ein dritter betete, Gott möge die Stadt doch von dem habsüchtigen Hoflieferanten befreien, er sei schuld, daß der Fürst das Fleisch so teuer werden lasse. Alle beteten um Hülfe gegen die drei Petschierstecher, und ich betete um so herzlicher, daß ich den Ring wieder von ihnen erhalten möchte, weil sie doch niemand dadurch glücklich machten.

Da es aber in der Kirche so hübsch still und kühl war, überfiel mich ein leiser Schlummer, und ich hatte schier so lange geschlafen, daß mich der Küster in die Kirche eingesperrt hätte, aber Sissi kam gerade zu rechter Zeit und flüsterte mir in die Ohren: ,Geschwind, Gackeleia, gehe mit mir aus der Kirche, hörst du? Der Küster rasselt schon mit den Schlüsseln. Gehe mit mir, du selbst sollst sehen, wie wir den Ring erwischen; wir haben die beste Hoffnung.' Fröhlich nahm ich nun die kleine Maus in den Ärmel und ging mit ihr nach dem Schlosse der drei Betrüger. Als wir an die Gartenmauer kamen, sprang Sissi an die Erde und zeigte mir den Weg zur Türe. Ich gelangte hinter ein kleines Gartenhaus, wo ich mich im Gebüsch versteckte und durch eine Spalte im Fensterladen alles sehen und hören konnte, was im Gartenhaus vorging.

Die drei Betrüger saßen um einen Tisch, in dessen Mitte der köstliche Ring lag, und stritten miteinander, wer in dieser Woche den Ring am Finger tragen sollte. Da sie gar nicht einig werden konnten und lange geschrien und geschimpft hatten, weil immer der eine fürchtete, der andre möge ihm den Tod wünschen, wenn er den Ring am Finger habe, griff endlich der eine mit solcher Heftigkeit nach dem Ring, daß er den Tisch umstieß, und das machte sich der andre zunutz und ertappte den an die Erde gefallnen Ring, steckte ihn an den Finger und drehte und schrie:

> ‚Salomon, du weiser König,
> Dem die Geister untertänig,
> Mach zwei Esel aus den beiden,
> Die in diesem Garten weiden!
> Ringlein, Ringlein, dreh dich um,
> Mach's geschwind, ich bitt dich drum!'

Während er dieses mit der größten Eile hergeschnattert hatte, rissen die beiden andern ihn hin und her, aber es währte nicht lang, so waren sie beide zwei dicke, häßliche Esel, und er nahm einen Prügel und trieb sie aus dem Gartenhaus hinaus, das er hinter ihnen verschloß. Sie schrien und bissen sich untereinander noch eine Weile, fingen aber bald an, sich in ihre neue Natur zu schicken und allerlei Gras und Disteln am Wege zu fressen.

Ich guckte wieder in das Gartenhaus, da wollte sich der, welcher den Ring hatte, schier bucklig lachen, weil er seine Gesellen endlich so sauber angeführt. ‚Gott sei Dank!' sagte er, ‚nun kann unsereins doch einmal ruhig ausschlafen ohne die Gefahr, daß der andre ihm den Tod wünscht', und nach diesen Worten legte er sich breit in einen Sorgenstuhl und fing bald an, tüchtig zu schnarchen.

Nun ist es Zeit, dachten Pfiffi und Sissi und schlupften beide durch ein Loch in das Gartenhaus.

Ich wendete kein Aug' von dem Schlafenden und dem Ring an seinem Finger. Ach, er hatte eine Faust gemacht, und der Ring schien sehr schwer zu bekommen. Aber Sissi nahte sich seinem Ohre und sang mit der süßesten Stimme nichts als das Verslein:

> ,Louisdore und Dukaten,
> Echte Perlen, Diamant,
> Ritterorden, Ihro Gnaden,
> Hohe Bildung, Ordensband,
> Witz und Wesen, scharf und zart,
> Gänsefett und Backenbart.'

Kaum hatte der Schlafende diesen Vers gehört, als er die Hand so öffnete, als wolle er nach all den schönen Sachen greifen. Nun biß ihm Prinz Pfiffi in den Ringfinger, er wachte auf und sagte: ,Ein scharmanter Traum, aber der Ring drückt mich und weckt mich auf; wer kann ihn mir hier nehmen? Die zwei Esel grasen draußen nach bestem Appetit, was brauchen sie mehr? Sie haben keine andern Bedürfnisse. Ach, der schöne Traum! Ich will versuchen, ob ich ihn wieder träumen kann. Der Ring soll mich nicht wieder stechen; ich lege ihn, bis ich erwache, auf den Tisch.' Nun zog er den Ring ab und schlief wieder ein. Kaum schnarchte er, als Sissi ihm wieder ins Ohr sang:

> ,Louisdore und Dukaten,
> Echte Perlen, Diamant,
> Ritterorden, Ihro Gnaden,
> Hohe Bildung und Verstand,
> Witz und Wesen, scharf und zart,
> Gänsefett und Backenbart.'

Da lächelte er gar süß wie ein Topf voll saure Milch, und Pfiffi brachte mir den Ring dem Loch heraus. Schnell steckte ich ihn an den Finger und sprach:

> ,Salomon, du weiser König,
> Dem die Geister untertänig,
> Lasse diesen, wie die andern,
> Gleich als einen Esel wandern,
> Schaff auch einen Eseltreiber,
> Der mir ihre faulen Leiber
> Mit dem Prügel tüchtig rührt
> Und zum Vater Gockel führt!
> Ringlein, Ringlein, dreh dich um,
> Mach's recht schnell, ich bitt dich drum!'

Und sieh da, gleich war der Esel fertig, und der Treiber stand schon bei ihm drin und trieb ihn mit einem Prügel dem Gartenhaus hinaus und erwischte auch die beiden andern, und ich drehte den Ring und wünschte bei euch zu sein. Da war ich gleich hier auf dem Hof, und als ich euch in dem alten Hühnerstall so klagen hörte, wünschte ich, daß das Schloß wieder sein möchte, wie es einst im höchsten Glanze bei unsern Voreltern gewesen; auch wünschte ich, daß ihr wieder schön und jung werden möchtet und daß auch ich eine schöne, vernünftige Jungfrau sein möchte, damit ich meine gefährliche Spielsucht verlöre. Und da alles das so geworden war, schlich ich zu euch in den Hühnerstall und drückte mich in einen Winkel, um eure Überraschung recht zu genießen. Sissi aber wollte mit aller Gewalt unter die Puppe gebunden sein, um euch zu necken. Da lief sie über euer Stroh, und als ihr rieft: ,Die Puppe, die Puppe!' sagte ich:

> ,Keine Puppe, es ist nur
> Eine schöne Kunstfigur.'

Das andre wißt ihr alles."

Nach dieser Erzählung umarmten Gockel und Hinkel die Gackeleia unter Freudentränen und sagten: „Dank, tausend Dank, liebes Kind, du sollst zum Lohne deiner Güte auch den Ring immer am Finger haben, du sollst alles wünschen, was du willst."

Gackeleia sagte: „Ich nehm es an; vor allem wollen wir die drei Esel, welche im Hofe stehen, mit allem beladen, was ich dem guten Mäusekönig versprochen habe, und dann sollt ihr sehen, wie vernünftig ich wünschen will."

Nun gingen sie hinab und wünschten, nachdem die Käse und die Schinken den Eseln auf den Rükken gepackt waren, den Königsberger Marzipan, den Thornischen Pfefferkuchen, die Jauerschen Bratwürste, die Spandauer Zimtbrezeln, den Nürnberger Lebkuchen, die Frankfurter Brenten, die Mainzer Vitzen, die Gelnhausner Bubenschenkel und die Koblenzer Totenbeinchen auch dazu, welche sich ohne Verzug einstellten und die Esel so belasteten, daß sie schier niederbrachen. Als nun Prinz Pfiffi und Prinzessin Sissi ihren Freunden den zärtlichsten Abschied zugepfiffen hatten, befestigte Gockel seine Pudelmütze auf den Kopf des einen Esels und setzte die Mäuschen hinein und ließ den Treiber die drei Esel nach dem Mäuseland hintreiben und recht viele schöne Grüße ausrichten.

„Ach", sagte Gackeleia, „jetzt wollen wir auch einmal in unsre Schloßkapelle gehen und sehen, wie sie sich verändert hat." Kaum hatte sie diese Worte gesprochen, als die Glocke zu läuten anfing und sie in die Kapelle rief. Sie traten hinein und konnten sich nicht satt sehen an den schönen Bildern und Leuchtern, mit denen die Altäre geschmückt waren. Besonders aber erfreuten sie sich an einer silbernen Bildsäule des heiligen Petrus, neben welchem ein goldner Hahn saß, der mit seinem Krähen immer die Stundenzahl ansagte und dabei mit den Flügeln schlug, als wenn er lebte. Gockel und Hinkel erinnerten sich lebhaft des getreuen Alektryo dabei, denn er glich ihm über die Maßen, und kaum hatten sie den Wunsch ausgesprochen, daß er noch leben möge, als auch Gackeleia den Ring drehte und sprach:

> „Salomon, du weiser König,
> Dem die Geister untertänig,
> Mache meine Eltern froh
> Durch den Hahn Alektryo!
> Ringlein, Ringlein, dreh dich um,
> Mach's geschwind, ich bitt dich drum!"

Gleich flog der silberne Hahn dem alten Gockel auf die Schulter und schlug mit den Flügeln und war Alektryo. Nun aber begann der Gottesdienst; alles Schloßgesinde füllte die Kirche, man spielte die Orgel und sang und predigte, daß es eine Lust war. Als aber am Schlusse des Gottesdienstes der Geistliche am Altar fragte, ob jemand da sei, der Hochzeit machen wolle, drehte Gackeleia ihren Ring und sprach:

> „Salomon, du weiser König,
> Dem die Geister untertänig,
> Bring doch den Kronovus her,
> So ganz wie von ungefähr!
> Ringlein, Ringlein, dreh dich um,
> Mach's geschwind, ich bitt dich drum!"

Da hörten sie Jagdhörner im Schloßhof, Gackeleia lief hinaus und sah den Prinzen Kronovus in einem grünen Jagdröckchen von einem kleinen Schimmel springen, und sie flogen sich einander in die Arme mit dem Ausruf: „Ach, wie bist du so

klein, ach, wie bist du so groß!" Da aber drehte Gackeleia ihren Ring und wünschte, daß Kronovus so groß
und verständig wie sie sei, und das ward er auch also-
gleich. Da trat sie mit ihm in die Kirche, und Gockel
und Hinkel grüßten den Kronovus; der sagte ihnen, daß
sein Vater Eifraßius und seine Mutter Eilegia gestorben
seien, und wann Gockel ihm Gackeleia zur Gemahlin
geben wolle, solle sie seine Königin von Gelnhausen
sein. Hinkel war es zufrieden und Gockel auch; sie
führten die beiden vor den Altar, und der Priester legte
ihre Hände zusammen, und sie wechselten die Ringe.

Im ganzen Schlosse wurde nun ein großes Fest gefei-
ert, nach Gelnhausen wurden Boten gesandt, um alles
Volk einzuladen, und bald war das Schloß und der Wald
umher mit lustigen Leuten angefüllt. Als nun Gockel,
Hinkel und Gackeleia dem Kronovus bei Tische alles
erzählten, zog dieser den Ring Salomonis, den ihm
Gackeleia am Altar geschenkt hatte, vom Finger, legte
ihn auf seinen Teller und betrachtete ihn sehr aufmerk-
sam und sagte: „Den ersten Wunsch der Gackeleia soll
mir der liebe Ring gleich erfüllen."

„Ach", sagte Gackeleia, „alles ist so herrlich und so
glücklich, was bleibt zu wünschen übrig, als daß wir alle
Kinder wären und die ganze Geschichte ein Märchen,
und Alektryo erzählte uns die Geschichte, und wir
wären ganz glücklich drüber und patschten in die Hände vor Freude!"

Kaum hatte sie dies gesagt, als Alektryo, der in der
Mitte des Tisches saß, mit dem Schnabel nach dem Ring
zuckte und ihn verschluckte, und in demselben Augenblick waren alle Anwesende in lauter schöne, fröhliche
Kinder verwandelt, die auf einer grünen Wiese um den
Hahn herumsaßen, der ihnen die Geschichte erzählte,
worüber sie dermaßen in die Hände patschten, daß mir
meine Hände noch ganz brennen; denn ich war auch
dabei, sonst hätte ich die Geschichte niemals erfahren.

Nachwort

Clemens Brentanos (1778–1842) *Gockel*-Märchen ist gekennzeichnet durch mehrfachen rapiden Umschwung der Verhältnisse; an den Kippunkten der Entwicklung sind jeweils moralische Maximen und religiöse Besinnungen in den Text eingeschaltet. Angetrieben wird die wundersame Handlung durch einen Zauberring, auf den alsbald eine Jagd einsetzt, denn er ermöglicht die Annullierung der herrschenden Ordnung, weil mit seinem Besitz nicht nur das Wunderbare, „Jugend, Reichtum, Glück und alle Güter der Welt" gewünscht, sondern auch das Schreckliche herbeigerufen werden kann. Der Ring Salomonis verursacht alle Verwandlungen; die Demonstration seines Mißbrauchs geht mit einem antisemitischen (die drei geldgierigen und heimtückischen Petschierstecher) und einem antikapitalistischen (Geldwirtschaft als böses Prinzip) Affekt zusammen. Das Märchen wird unter diesem Gesichtspunkt zu einer Pädagogik des rechten Wünschens.

Die urplötzlichen Veränderungen der Verhältnisse gründen nicht in plausiblen Ursachen. Deshalb kann ihnen nur mit moralischen Sentenzen oder mit dem Aufruf zu religiöser Einkehr begegnet werden; der Schrecken läßt sich einzig durch moralischen Appell und durch religiöse Gewißheit bannen. Der Sprung aus der Erzählung in die Maxime steht dafür ein, daß das Zusammenhanglose nicht mehr narrativ integriert werden kann und das Grundlose sich der Verfügbarkeit durch den Autor entzieht: die Diskontinuität wird in der Maxime nur reflektiert und im religiösen Ritual der Andacht verdrängt. Da die Instabilität der Verhältnisse insbesondere im Kontext von Hofhaltungen und Staatsveranstaltungen artikuliert wird, kann das Märchen wie eine satirische Haupt- und Staatsaktion in einem duodezstaatlichen Tierreich gelesen werden. Die Passagen über

Dynastien, Legitimationen und Genealogien, dann das verlebendigte Emblem (Hahn) oder die Paläste, die aus dem Nichts entstehen und sich wieder in Luft auflösen, die Hilfe durch den Mäusestaat, die Hoffeste und schließlich der Geschäftssinn einer saturierten Bürgerschaft: dies alles fügt sich in ein Konzept der Lektüre des Märchens als eines satirischen Gesellschaftsspiegels. Es sind aber auch die gelinden Laster und die Gefährdungen durch einen entfesselten Spieltrieb, die Brentano seinem Publikum vorführt, um die große Wirkung geringer Ursachen zu veranschaulichen.

Anspielungen auf antike Autoren (Pausanias, Lukian, Diogenes Laërtius), Bibelzitate, Wortspiele („aussetzen" – „einsetzen"), sprechende Namen (Eilegia, Eifraßius), eine Häufung von Sprichwörtern und Redensarten, Zaubersprüche und satirische Attacken auf „Hofmanieren", Wiederholungen, Klangfiguren und bildhafte Konzentrationen sind ebenso auffällig wie die Sprengung der Form und die Mischung verschiedener Gattungen, der Wechsel von elegischer zu freudiger Empfindung und der von einer volkstümlichen zu einer artifiziellen Sprache. Lyrische Passagen und Volkslieder werden in die Märchenerzählung eingeschoben, um das Ganze zu gliedern und zu rhythmisieren. Der Rückgriff auf die Volksweisheit oder die Volkslieder macht diese Geschichte aber noch nicht zu einem Volksmärchen, eben weil sie mit dessen Elementen ausschließlich spielerisch umgeht, wodurch die Grenze der naiven Ästhetik des Volksmärchens zum romantischen Kunstmärchen hin überschritten wird.

Besondere Beachtung verdient die „Puppe" bzw. die „schöne Kunstfigur" im Märchen. Die Puppe wurde einer weißen Maus mit Draht aufgebunden und gleicht einem lebendigen Uhrwerk. Das romantische Motiv der Puppe oder des Automaten erscheint bei Brentano als mechanisch drapierter Organismus, aus dem schließlich eine verzauberte Prinzessin herausschlüpft, die der Puppe nur den Schein des Lebendigen verliehen hat. Sinnverwandte Drapierungen finden sich im Text, der mit Sinnüberlagerungen, Bedeutungsstufungen und Realitätsvermischungen arbeitet. Deshalb kann in der Puppe gewissermaßen die Kunstfigur des Märchens selbst erblickt werden. Schließlich spielt die Kunstfigur Leben vor, mit ihr kann gespielt werden, und sie wird durch die Kleidungsstücke jeweils verwandelt: Spiel und Verwandlung gehören ihr wesentlich zu. Sah Schiller den Menschen erst im Spiel ganz Mensch werden und durch den schönen Schein potentiell in die Freiheit versetzt, so zeigt Brentanos Märchen, wie der Künstler sich im freien Spiel, in der Kunst an das Spiel, an die Kunst verlieren, sich verspielen kann (Oskar Seidlin). Die Gefahr des Verspielens wird bereits eingangs durch das Katz-und-Maus-Motiv angedeutet: das Spiel gewährt nicht die Vollendung des Menschen, sondern wird mit Gewalt und Schrecken besetzt. Der Zauberring verschwindet zuletzt wieder in Alektryo, der dann scheinbar das Märchen der zur Kinderschar verwandelten Hochzeitsgesellschaft erzählt, das der Autor seinerseits bloß nachzuerzählen vorgibt, womit er das traditionelle Musen- und Inspirationsschema parodiert. So wie die lebendige Maschine die Kunstfigur der Erzählung zu erkennen gibt, so vergegenständlicht sich im Zauberring der Geist des Märchens.

Die Gegensätze der Wirklichkeit fallen zusammen in der Wunschvorstellung einer ungeschichtlichen Kindheit. Das Paradies der Kindheit fungiert hier weniger als geschichtsphilosophische Metapher wie bei anderen zeitgenössischen Autoren, sondern bezeichnet den Wunsch nach Restauration eines ursprünglichen Glaubens, steht für naives Dasein und für die Sehnsucht nach Geltung unmittelbarer Wahrheit. Während die Kunstmärchen eines Novalis oder Tieck philosophische Spekulationen durch ein symbolisches oder allegorisches Verfahren literarisieren, Hauff in seinen Märchen die Lage des freien Schriftstellers in der frühen Restaurationsepoche reflektiert, dient das Märchen bei Brentano vornehmlich dazu, die Geschichtlichkeit des Daseins unter dem Anspruch zeitloser Glücksvorstellungen zu bewältigen, wobei es sogar als magische Form der Kritik funktionalisiert wird. Der Rekurs auf Kindheit bedeutet den Versuch, Geschichte zu tilgen, um damit der Kontingenz des Lebensprozesses zu entgehen.

Das Märchen liegt in zwei Fassungen vor: in der Urfassung von 1811, die auch dieser Ausgabe zugrunde liegt, und in der stark erweiterten Fassung von 1838 mit einer Vorrede („Herzliche Zueignung"), die für Brentanos Spätwerk und Poetik grundsätzliche Bedeutung hat. Die Hauptmotive hat er vor allem der neapolitanischen Märchensammlung *Pentamerone* (1634–36) von Giambattista Basile entnommen, ergänzt durch Züge aus Johannes Praetorius' *Alektryomantia* (1680) und Einlagen volksliedhafter Verse aus *Des Knaben Wunderhorn*.

Die Brüder Grimm haben die Märchen Brentanos kritisiert. Zu ihrem sprachlich-stilistischen Ideal der volkstümlich einfachen Prosaerzählung, die sich der gesprochenen Sprache annähert und damit die Voraussetzung des Weitererzählens bildet, stehen Brentanos Ironie, Arabesken und Sprachspiele, seine „Progressionen und Potenzierungen" (Grimm), quer.

Helmut Bachmaier